现代汉语社会空间动词研究

张欣　著

中国纺织出版社有限公司

内 容 提 要

社会空间动词是一类凸显社会空间方向的动词，根据动作参与者权势上的差异，分为高权势动词和低权势动词。社会空间动词的方向具有不可逆性，要严格遵循“权势匹配原则”。社会空间动词主要包括“社会管理”类动词、“心理”类动词、“言语行为”动词等，其语义强度、社会评价色彩、礼貌原则都会影响到动词的句法表现，其句法、语义、语用表现是多重因素共同作用的结果。本书的读者对象主要为从事语言学研究的学者、从事国际中文教育的教师和学生。

图书在版编目（CIP）数据

现代汉语社会空间动词研究 / 张欣著. -- 北京：中国纺织出版社有限公司，2023. 9

ISBN 978-7-5229-1012-3

Ⅰ. ①现… Ⅱ. ①张… Ⅲ. ①汉语—动词—研究 Ⅳ. ① H146.2

中国国家版本馆 CIP 数据核字（2023）第 175237 号

责任编辑：段子君　　责任校对：高　涵　　责任印制：储志伟

中国纺织出版社有限公司出版发行

地址：北京市朝阳区百子湾东里A407号楼　邮政编码：100124

销售电话：010—67004422　传真：010—87155801

http://www.c-textilep.com

中国纺织出版社天猫旗舰店

官方微博 http://weibo.com/2119887771

北京虎彩文化传播有限公司印刷　各地新华书店经销

2023年 9 月第 1 版第 1 次印刷

开本：710×1000　1/16　印张：13.75

字数：206千字　定价：99.90元

序

空间可分为虚拟空间和真实空间。虚拟空间是指社会空间（包括心理空间），是真实空间的投射。真实空间是原型空间，因此，相关研究自然以真实空间的表达为主，虚拟空间的表达处于相对边缘的地位，但虚拟空间的表达也有其特点和价值。本书系统地呈现了社会空间动词的特点，其中很多工作富有创新性。关于本书的具体贡献，文中已有完整呈现，这里不再赘述。

本书基本上保留了张欣博士论文（2016年）的原貌，虽然已经相隔几年，但现在读起来仍然有新的感受。下面就几个问题具体谈一下。

传统上，语言哲学回答语言是如何用之于“指”，英国语言哲学家奥斯汀（Austin）和美国语言哲学家塞尔（Searle）等则认为语言哲学要回答语言是如何用之于“用”,“言”则“行”：以言行事。也就是说，不仅要研究如何“指”，还要研究如何“行”，“言”和“行”是言语行为理论的两大基本内容。言语行为理论是语言哲学对语言研究的重大贡献，该理论一经提出，就对语言研究产生了重大影响。语用学能够获得语言学独立的分支地位，和言语行为理论的提出是分不开的。

语言哲学家认为以言行事的“言”也要通过某种语言形式——词汇标准或语法标准，或词汇—语法标准来体现。但这种标准并非指严格的语言自身的结构，也不像系统功能语法关注语言的潜在系统，关注依言行事以及所产生的交际效果。事实上，具体的语义句法配置远比抽象的标准复杂。本书从施事和对象的属性、介词、修饰语、特殊句式（把字句和被字句）的准入条件、社会评价、主观交互特征等角度，对言语行为动词的权势特征进行了多维度的深入刻画。其中，不少语言现象以前之所以没有引起足够的重视，主要是因为没有和动词的权势关系联系起来考虑。本书不仅为言语性行为理论提供了语言学依据，同时深化了对言语行为本身特点的认识。

词根的单音节性是汉语最根本的类型特点，但汉语又呈现强烈的双音化趋势。双音化的动因及其结果表现，一直是学界高度关注的问题之一。美国语言学家萨丕尔早在 20 世纪 20 年代就指出，有些语言呈现从综合到分析的趋势，而有些语言则恰好相反，呈现从分析到综合的趋势。英语、法语、丹麦语、藏语、汉语等很多语言属于前一种情形，某些印第安语，如契努克语、纳伐霍语等证明后一种趋势。从综合到分析，要通过某种手段来实现，但对极度缺乏形态手段的汉语来说，双音化可谓是一种必然的选择。双音化对汉语的构词、语义、结构类型、句法表现、语体，乃至习得等方面产生了多方面的深刻影响。近来有些学者把双音化视为汉语有别于形态发达语言的一种形态手段。

双音化的影响在权势关系动词中也有大致基本平行的体现，但本书不乏新的发现和细化。本书指出双音化对动词权势关系的方向或强度产生直接影响。例如，有些单音节动词的权势特征并不明显，既可以用于高对低的关系，也可用于低对高的关系，而相应的双音节动词的权势方向固定，或强烈倾向于用于高对低的关系，或用于低对高的关系。例如，单音节动词“陪”的权势特征并不稳定，而相应的双音节动词“陪同”主要用于低对高的关系。

陪：（a）今天妈妈陪你玩。（高对低）

（b）今天孙子陪爷爷去医院。（低对高）

陪同：（a）李强县长陪同张鸿彬省长在我县进行调研。（低对高）

（b）*[1] 张鸿彬省长陪同李强县长在我县进行调研。

不难看出，权势方向的强化无疑是双音化所致。这种现象也是权势关系的分化，只不过是单向的分化。其实，有些双音节动词的权势关系分化更为多样。笔者注意到单音节动词“养”不仅分化为“抚养、领养、养育”等高权势动词，还分化出“赡养”等低权势动词；单音节动词“见”不仅分化为“传见、召见、约见、会见、接见”等高权势动词，还分化出“进见、觐见、晋见、参见、拜见、朝见”等低权势动词。

---

[1] 例句前加“*”表示句子不合法或者不可接受。

单双音节的差异在句法上也有一系列相应的表现，如双音节权势动词强烈倾向于和双音节名词组配，对名词的生命度也有不同的要求。以“养”和相应的“抚养”“赡养”构成的述宾结构为例。

养孩子	?[1]抚养孩	抚养孩子
……	?赡养爸	赡养父母
养花	*抚养花	*抚养菊花
养牛	*赡养牛	*赡养动物

双音化无疑是使综合性走向分析性方向的主要催化剂。其实，双音化及其影响，不仅见于动词，在形容词和名词里也有类似的反映。有些研究者认为单音双音可以做划分词类（包括小类）的主要标准。单音节性是汉语与生俱来的“天然”核心基因，但双音化的影响又如此之大，不能不说是一种类型“特例”。形态发达的语言里也有双音节词，但并非“形态”手段，而是属于“偶然”现象，并不构成也不大可能构成类似汉语的对立倾向。

合作原则和礼貌原则是语言交际得以顺利进行的两项重要语用原则。其中，和权势关系直接相关的是礼貌原则。关于礼貌原则，本书虽然着墨不多，但社会空间作为人际空间必然关系到礼貌原则，应该引起足够的重视。一种合格的表达，不仅语法上要合法，语用上同样要合格。语用规则虽然不像语法规则那样刚性，但同样重要，不可或缺。从某种意义上来说，“权势关系匹配原则”也可以视为礼貌原则的一种具体体现。从跨语言的角度来看，礼貌原则的实现手段呈现语际共性和差异。常见的是人称代词（主要是第二人称）的敬称和通称的对立、称谓语的敬称和通称的对立、高权势动词和低权势动词的对立、敬语性词缀和非敬语性词缀的对立，有些语言甚至还有专用的敬语语法标记。有些语言中，敬语范畴是一个独立的语法——语用范畴，这些语言里，语法规则和语用规则要严格保持“一致关系”，各种敬语手段严格配合。比较典型的是韩语或朝鲜语，以及日语。

如果一种语言里缺乏专用敬语语法标记，那么高权势动词和低权势动词的对立有可能成为体现权势关系的重要手段。例如，汉语里的“看”和“过目”，

[1] 例句前加“?”表示句子可接受性较差或者需要特别的条件才能成立。

“送”和“奉送”，“交”和“呈交”，“听”和“聆听”，“发”和“下发”，“带”和“带领”等。需要指出的是，单双音节的对立和强烈的传统文化的色彩是汉语权势关系的一大鲜明特征。双音节动词通常被赋予高礼貌等级，传统文化色彩越浓，礼貌等级越高。

值得注意的是，通过动词的权势方向体现礼貌原则，规则性和类推性不强，自然增加了学习者的理解和使用难度。例如，“老师，我帮您过目”“抚养父母”等偏误虽然语法上合法，但严重偏离礼貌原则。记得有位学者曾说“语法难，词汇更难”，“更难”应该包括礼貌原则。我们似乎可以再补充一句，“词汇难，语用更难”。

二语习得过程中的难点和偏误往往为发现语言间共性和差异提供直接线索。其实，选题时的灵感，也和学习者的偏误有关。我们期待这些问题在博士论文的延伸——国家社会科学基金项目《面向第二语言教学的社会空间动词研究》中得到全面呈现。张欣潜心学术，勤于思考，说得少，做得多，相信她能够不断更上一层楼。是为序。

崔健

2023 年 3 月 15 日

目　录

第 1 章　绪论

第 2 章　社会空间动词的方向系统与权势匹配原则

第 3 章　高权势“位移”动词

第9章 社会空间动词的语体特征

第10章 结论

第1章　绪论

1.1　选题缘起

汉语中有一类动词表示动作的施事和受事（或与事、对象）之间权势上的差异，其中有些动词只能用于高权势者对低权势者，有些动词则相反，只能用于低权势者对高权势者，例如：

（1a）科学院党组毅然把报告呈送中共中央。

（2a）司令员向空军下达命令，派飞机轰炸碉堡。

（3a）父母年迈丧失劳动能力，理应由儿女赡养、侍奉。

（4a）英国肯特郡一名37岁的母亲竟在抚养11个孩子！

不同于一般动词，这类动词涉及的高权势者和低权势者绝对不能交换位置，否则会造成不合法，例如：

（1b）*中共中央把报告呈送科学院。

（2b）*空军向司令员下达命令，派飞机轰炸碉堡。

（3b）*父母应赡养、侍奉儿女。

（4b）*英国肯特郡的11个孩子在抚养母亲！

可见，动词在使用中不仅存在物理空间的方向，还存在社会权势空间上的方向。（1a）、（3a）中的“呈送”“赡养、侍奉”只能用于低权势者对高权势者，（2a）、（4a）中的“下达”“抚养”只能用于高权势者对低权势者。

下面是汉语学习者作文中的例子：

（5）*妈出院后，领导老人家就开始向妈报告我的情况（HSK[1]动态语料库。）

（6）*后来村里人才汇报我的妈妈（我失足落水的事情）。（HSK动态语

[1] 汉语水平考试，简称HSK。

料库）

（7）*（学生对老师）感谢各位老师聆听我的报告。（崔健老师提供）

（8）*（学生对老师说）我来过目一下您写的文章。（崔健老师提供）

显然，例（5）～（7）把本该用于“低对高”的动词“报告”[1]、“汇报”[2]和“聆听”[3]用在了“高对低”或不凸显权势差异的语境中；（8）则把“高对低”的动词“过目”[4]用在了“低对高”的语境中。

语义具有人类共性（刘丹青，2011），语义的凸显使用什么样的形式手段，有很大的语种差异。例如汉语中区分“抚养”和“赡养”，而英语 support 既可以用于子女对父母的“赡养”，也可以用于父母对子女的“抚养”，而 bring up 则只能用于父母对子女的抚养、教养。例如：

（9）Children should support their parents.

子女应该赡养父母。

（10）If she can’t support herself，how’s she support a child？

她如果连自己也养活不了，又怎么抚养孩子呢？

（11）Parents should bring up children.

父母应该抚养子女。

蒙古语中“抚养”和“赡养”都用 asaren tejigehu（照顾，养育）一词。例如：

（12）Ur_ekeUkedni nasutaicud−iyanasarantejigekU keregtei.

子女应该赡养老人。

（13）ecige ekeniUr_ekeUked−iyenasaran tejigekUkeregtei.

父母应该抚养子女。

汉语中凸显社会空间权势差异的动词相对较多，这些动词在句法、语用表现上都有不同于一般动词的特征。

典型动词在语义结构中主要表现指称（名词性成分）的空间位置变化，因

---

[1] 报告：把事情或意见正式告诉上级或群众。

[2] 汇报：综合材料向上级报告。

[3] 聆听：听。

[4] 过目：看一遍（多用来表示审核）。

此，动作必有方向（张国宪，2000）。动词的“方向”性不仅存在于物理空间，还存在于社会空间。凸显权势差异的动词都具有社会空间的方向性，社会空间的方向主要体现在不同权势关系的个人或群体之间，笔者把这类体现社会空间方向性的动词称为“社会空间动词”，其中只能用于高权势者对低权势者的动词叫作“高权势动词”，只能用于低权势者对高权势者的动词叫作“低权势动词”。

社会空间动词在句法、语义、语用、语体等各方面都有鲜明特征，如权势关系不能错配，权势关系动词在构词、与共现成分的相互选择、对社会空间方向性的凸显等诸多方面与一般动词都有差异。

以往对社会空间动词的研究多是零星提及，限于举例式的说明，很少把它们作为一个特殊的动词次类予以关注，而对于这类动词的句法、语义、语用、语义特征鲜有系统研究。

1.2　研究对象和范围

权势关系动词动作涉及的双方存在不平等的权势关系，这种差异在句法、语义、语用等层面有显性表现。这类动词有的既有物理空间上的方向性，也有社会空间上的方向性，有的只有社会空间上的方向性，而在物理空间不凸显方向特征。

我们以《现代汉语词典（第6版）》动词为考察对象，共筛选出957个权势关系动词。其中高权势动词624个，低权势动词333个。

确定社会空间动词的标准为：

①《现代汉语词典（第6版）》明确标注。有些社会空间动词在《现代汉语词典（第6版）》的释义中明确标明“上级对下级”或“长辈对晚辈”，这类动词可以直接确定为权势关系动词。

②论元换位。没有标明权势关系的动词，我们根据权势关系动词连接的两个论元（主宾语）不能交换位置这一原则，把“高权势者（上级、领导、管理者、长辈、权力机关）、低权势者（下级、员工、被管理者、晚辈）”作为参项，代入“NP1+VP+NP2”或“NP1+向/对/给NP2+VP”格式，如果高权势者为施事（广义上的施事），低权势者为受事（广义受事）或对象，则该动词

为高权势动词，反之，为低权势动词，例如：

（14a）市长派我来的。

（14b）*我派市长去的。

（15a）学生应该尊敬老师。

（15b）*老师应该尊敬学生。

（14a）中“派”只能用于高权势者对低权势者，是高权势动词；（15a）中“尊敬”只能用于低权势者对高权势者，为低权势动词。

③言者与听者的关系。还有一些不能进入上述格式的动词，我们从言者和听者的关系角度来观察，考察能不能进入“NP1 对 NP2 说‘……VP’”之中，如果包含某个 VP 的句子只能是高权势者对低权势者所说，则该动词为高权势动词，反之亦然，例如：

（16a）学生对老师说“请您过目”。

（16b）*老师对学生说“请您过目”。

④用具有典型权势特征的名词进行测试。有些动词特别是一价动词，如“上访、下放、坐镇”等只有一个动作参与者，不能进入上述格式，我们用典型的高权势词或低权势名词作为动作主体对其进行测试，例如：

（17a）领导坐镇我们就什么也不怕了。

（17b）*村民坐镇我们就什么也不怕了。

（18a）村民到乡政府上访。

（18b）*领导到乡政府上访。

“领导”是典型的高权势名词的代表，而“村民”一般具有低权势特征，（17a）中“坐镇”的动作发出者只能是高权势者，而不能是低权势者，因此“坐镇”为高权势动词，“上访”则相反。

敬辞和谦辞是否看作权势关系动词，笔者认为，应分不同情况分别对待，有些敬辞、谦辞缺乏明显的权势特征，暂拟不作考虑，如“光临、光顾、赏光、敢问”等。有些敬辞、谦辞有较明显的权势特征，列入考察范围内，如“垂怜、垂爱、俯察”等。

此外，四字格成语语法表现不同于一般词语，暂不考虑。

1.3　相关研究综述

“权势（power）”一词是由美国社会心理学家罗杰·布朗（Roger Brown，1960）在研究英语名词称呼语的用法时使用的术语。Brown 指出，“如果一个人能控制另一个人的行动，他对后者就具有权势”。权势（power）与等同（solidarity）紧密相关，权势凸显交际双方的社会距离，而等同凸显二者的一致关系。美国社会学家戴维·波普曼（1983）指出，在已知的所有社会中，人生来就面临着不平等，人的社会地位往往根据财富、权力和声誉而划分为等级，不同的社会等级拥有的权势不同，公平获得社会所提供的理想事物的机会就不同，其中一些人或群体对他人的行为有控制和影响能力，这种能力就是权势（power）。这种不平等就像城市高层建筑上的公寓分等级一样。

对于权势在语言中的表现，国外语言学界多集中在权势和等同关系与称谓语的互动和话题选择、话轮控制等方面。例如布朗和吉尔曼（Brown&Gilman，1960）、布朗和玛格丽特·福特（Brown & Marguerite Ford，1961）等主要考察称谓语的选择与权势和等同关系，言谈双方权势关系不同，对称谓语的选择也不同。露丝·沃达克（Ruth Wodak，1997）、艾斯沃斯－沃恩（Ainsworth-Vaughn，1998）等考察了医学语篇中医生和患者的权势关系在话语中的表现（转引自王晋军，2002）。例如患者通常较少提问，而医生占据了绝大部分提问的比例，医生可以控制谈话的内容、进度，并通过打断对方的话语、转换话题以及不断提问等来实施权势，而患者则处于被动和从属地位。

1.3.1　动词的方向研究

空间和时间是把握情景和事件两个最重要的领域，张伯江（1994）认为，名词与空间性有关，动词与时间性有关。张国宪（2000）则认为，动作是在空间中进行的，动词的时间性特征可用名词的空间性来说明，最典型的表现就是动词的动向，空间的变化最终可以从动词的动向上得到解释。学界对动词的方向性，主要集中在物理空间的移位方向性，对社会空间的移位方向性关注较少。就我们掌握的文献所及，主要有马庆株（1997）、邹文洁（2009）、杨雪（2012）等。

（一）物理空间动词的方向研究

邱广君（1999）把有向动词分为三类：①移动动词V本身的方向，下还可再分为自移动词和他移动词。②趋向动词或介词的方向，称为客观方向。其中趋向动词包括“上、下、进、入、出、回、过、来、去”，介词包括“到、给、往、向、自、在、于、近”等。③“来、去”的方向，又称主观性方向。邱文分类较为粗略，把介词、趋向动词等动词方向的显化手段也归入动词的方向性中。

张国宪（2000）用“NP1+ 向 + 处所 / 方位词 +____+（NP2）”作为句法槽来鉴别有向动词和无向动词，他认为“拖、走、趴、拉、提、蹲、拔、沉”等为有向动词，而“是、认为、相信、想念、提倡、议论、宣布”等为无向动词。根据动向情况，对动词进行了分类。

王媛（2007）对单音节动作动词的方向进行了系统的考察，根据动作所涉及的事物在空间中的位移变化，确立了一个详细的动词方向性系统。王媛首先根据位移物的可及性区分了“现实性方向”和“虚拟性方向”[1]，现实性方向又下分为“空间方向动作动词”、“过程性方向动词”和“关系化方向动词”。其中空间方向动作动词又分为“定向动词”和“不定向动词”；定向动词又下分为“单一方向动词”，如“纵向、前后向、里外向”等；不定向动词又分为“单一不定向动词”和“复合不定向动词”。

邹文洁（2009）根据动词方向特征把空间域（物理空间）动词分为：上、下方向性动词，下、上方向性动词，前、后方向性动词，后、前方向性动词，里、外方向性动词，外、里方向性动词，中心、边缘方向性动词，边缘、中心方向性动词。

（二）物理空间动词方向显化手段研究

张国宪（2000）认为，“在动向表述中，有些有向动词语义上要求陆标加

---

[1] 王媛所指“虚拟性方向”是指依托“可触知性”低的抽象虚拟事物表现出的方向性，如“听”，充当这个动作受事的事物都是无形，不可见的事物，那么它所表现的方向就是虚拟性方向。此类动词还包括“读②、闻、唱①②、哭、骂”等，王媛的分类中并未包含权势关系动词。

细”。句法上表现为：①光杆陆标，即陆标以零形式出现在动词后。②介词 + 处所 / 方位词，如“请你向下蹲蹲”。③趋向补语，如“快趴下”。

王媛认为，动词方向性外化手段的选择存在一个序列：

①趋向动词的基本意义即体现明确的趋向意义 > ②趋向动词中有关空间范畴里的引申意义 > ③能够体现某种方向性的其他词汇成分 > ④标引某种方向性的介词结构。

上向动词常用“起 / 起来 / 上 / 上来 / 上去”等趋向动词表达方向性；下向动词常用“下 / 下来 / 下去”表达方向性；里向动词常用“进 / 进来 / 进去”表达方向性；外向动词常用“出 / 出来 / 出去”表达方向性；过程性方向动词常用“过 / 过来 / 过去 / 回 / 回来 / 回去 / 开 / 开来 / 开去”表达方向性；关系化方向动词常用“来 / 去 / 下 / 下来 / 下去 / 上 / 上来 / 上去”表达方向性；虚拟方向动词常用“下 / 下去 / 进 / 进去 / 出 / 出来”表达方向性。

能够体现某种方向性的其他词汇成分如“接触受事向”可利用“住、着”等作补语来体现；或利用“前、后”作状语来实现方向性表达。

标引方向的介词，王媛只列举了“向、朝、往”。

王媛对动作动词的方向性分类最为细致和复杂，其中“关系化方向”是其最着力描述的部分，但空间动作的方向必然涉及关系，很难看到没有与其他事物对比而可辨别的方向，所以“关系化方向”的确定采用了不同的标准，导致分出的类交叉重复，另外，从其外化手段，即趋向动词的使用上也没有明显规律性。但对一些难以确定方向的动词，此提法确实很有启发，例如，王媛把“脱”定为关系化方向中的“分离向”。

朱德熙（1982）、范晓（2009）等研究了“予取”类动词的动作方向。

物理空间动词具有方向性，已得到大部分学者的认同，但由于研究目的不同，对动词方向划分的标准和细致程度也有差异。上述学者对物理空间动词方向性的研究，对我们有很大的启发和参考价值。

（三）社会空间动词方向性及与权势相关的动词研究

就我们掌握的文献所及，关注动词社会空间方向性的学者主要有马庆株（1997）、杨雪（2012）、洪波（2014）等。此外，徐峰（2002）、钟守满（2008）、范晓（2009）、邹文洁（2009）、尚爱雪（2009）、董秀芳（2010）、郭晓麟（2010）等在讨论其他问题时提到权势问题。

马庆株（1997）提出"涉人动词"的概念，涉人动词中用来陈述指人名词的动词叫作"述人动词"，并进一步把述人动词中只能用于"对上义"的动词叫作"对上类动词"，只能用于对下义的动词叫作"对下类动词"，并注意到对上类动词和对下类动词与趋向动词的搭配情况，对上类动词中表空间趋向的不定人称动词的后面可以加上趋向成分"上来、上去"，不能加"下来、下去"。例如：

（19a）呈递上来。

（19b）＊呈递下去。

（20a）汇报上来。

（20b）＊汇报下去。

对下动词中表示空间趋向的动词后面可加趋向动词"下来、下去"，而不能加"上来、上去"。例如：

（21a）吩咐下来／去。

（21b）＊吩咐上来／去。

（22a）布置下来／去。

（22b）＊布置上来／去。

马庆株还注意到部分"上下级"动词涉及敬语，敬语中有些与权势相关，有些已不特别凸显权势，有些处于中性状态，即权势特征只是一种倾向性，并且这类词的使用涉及"人称"的问题。杨雪（2012）以配价理论为基础，按配价能力分别对"上级动词"和"下级动词"进行了分类，然后分别考察了各价类下属权势动词的句法特征，以"V+一下""予以／进行+V""受到／得到+V"、是否能进入"把"字句、"被"字句作为测试项寻找各类动词的句法特征。杨文在限定的范围内穷尽了所有的等级动词，并且对这些动词的句法语义特征进行了详细描写，为进一步研究权势动词打下了基础。但是杨文也存在一些瑕疵，文章研究的"等级动词（即我们所说的权势动词）"是以意义为标准对动词分出来的一类，但其内部的下位分类是以配价为标准的，权势动词的义类很庞杂，价类很难统括不同的义类，所以导致同一义类的动词分布在不同的章节讨论。动词小类细分在语法研究中占有重要地位，分出的类如果科学，小类内部的一致性更强，能观察到更多的语言事实，否则很难发现有价值的规律。权势动词的分类也是本文的难点之一。

洪波（2014）认为，上古汉语中去声别义是表示方向范畴的一种手段。与去声别义相关的方向范畴的三个下位范畴包括：物理空间的方向、人际空间关系的方向、伦理空间关系的方向。物理空间的方向，如《经典释文》“闻”作为动词，有两个义项，一是“听到”义，二是“传到”的意思。当为“听到”义时不注音，即如字，是指声音传到感知主体的耳朵里；“传到”义时，读去声，表示声音传到感知主体之外的地方。人际空间的方向如上古汉语的“借”表示借入和借出时有入声和去声的区别。社会伦理空间的方向表示的是上下尊卑的关系，例如：上化下曰风，方戎切；下刺上曰风，方凤切。下白上曰告，古禄切；上布下曰告，古报切。上育下曰养，余两切；下奉上曰养，余亮切。上赋下曰共，九容切；下奉上曰共，九用切。亨，献也，呼两切，神受其献曰亨，呼亮切。“听”平声如字表示上听下，去声破读表示下听上。四声别义造成的语义差异有的分化为新词保留在现代汉语中，有的已经消失。洪文注意到了权势关系的差异导致动词选择的差异，并指出动词为了适应这种差异采用了屈折手段，但是由于汉语语音系统的演变，屈折手段的使用在现代汉语中已很难再见到，现代汉语中更多的还是采用词汇手段来对应权势关系的不同。

徐峰（2002）、尚爱雪（2009）都注意到“给予”类动词涉及的“给予者”与“接受者”双方有时会凸显权势关系。徐峰（2002）根据动作的发出者和接受者之间的关系，把给予类动词分为三类：VAB1，VAB2，VAB3。其中 VAB1 动作的主体语义成分相对于与体地位要高，两者之间存在“高—低”的支配模式，如“颁发、赐、赏赐”等；VAB2 动作的与体相对于主体地位要高，两者之间存在着“低—高”的支配模式，如“呈递、奉献、进贡”等；VAB3 动作的主体成分和与体成分之间没有明显关系上的不平等和支配关系，如“递、给”等。尚爱雪（2009）也发现“给予”中“奖”类、“教”类，要求给予动作行为的施事在级别或权力度上要高于与事；“送”类、“告诉”类，要求给予动作行为的施事和与事之间具有平等关系；“献”类、“汇报”类，要求给予动作行为的施事在级别或权力度上要低于与事。

范晓（2009）考察了“V 上”句，发现呈献类及物动词，如“献、交、递、奉、寄、呈”等动词加趋向动词“上”后呈现出由尊及卑或由上及下的权势色彩。其中“呈、献、奉”本身就具有权势义，但“交、递、寄”等本身并无权势义，但后面加上趋向动词“上”之后，整个VP便呈现出下对上的权势色彩。邹文洁（2009）除了讨论物理空间动词方向外，还关注到时间域动词和社会等级关系域动词的方向性。其中社会等级关系域动词方向性包括：上、下方向性动词，如“批①、领导、接见、命令、批准、器重”等；下、上方向性动词，如“巴结、服从、拥护、孝敬、请教、申请”等。

郭晓麟（2010）考察了“愿意”和“希望”的愿望表达模式，认为“希望”凸显施加者的愿望施加模式，“愿意”凸显承担者的愿望承担模式，二者在语用上表现出权势的差异，“希望”更倾向于高权势者对低权势者，“愿意”更倾向于低权势者对高权势者。郭文的研究使我们注意到，权势动词表现的权势关系有时并不是绝对的，而是一种倾向性特征，即除了典型的权势动词之外，还有一些非典型权势动词。

在言语行为研究中，国外有些学者的研究涉及与权势相关的动词，例如奥斯汀（Austin, 1962）在讨论述谓句时指出“I sentence you to ten years in prison.”这句话只有由法官说出才能使判决发生效力。Austin虽然没有明确提出“权势”在施为句中的重要作用，但在论述施为句“适当”“不适当”时，已经注意到在一些习俗化或制度化活动中，发话者需要具有一定的权势和身份特征，才能够实施类似宣判的行为。塞尔（Searle, 1979）也注意到了“说者、听者的身份地位与语力之间的关系如何，例如，说话者有无发布命令的权利”“施事行为的实施是否依赖超语言的社会规约，例如‘宣布’这个行为要求有相应的社会权力及地位”。维尔兹比卡（Wierzbicka，1987）在讨论oder1和demand时指出，某个ordering person认为自己有控制权，受话人必须做说话人要他做的事；而某个demanding person指的是说话人有权获得想要的事物，而非对受话人有控制权。国内学者钟守满（2008）、董秀芳（2010）也注意到言说动词常常会涉及发话者和听话者不对等的权势关系。上述学者在研究言说动词时注意到“权势”在其中所起的作用，但都没有把权势关系作为一个重要课题进行研究，大部分对涉及权势的言说动词的观察只是举例性的，并没有进行全面及细致的观察。另外，不同权势关系的动词是否在句法上存在差异，都没有进行考察。

上述学者的研究从各个角度关注到了权势关系动词及其句法、语义、语用等各方面现象，对我们的研究有很大启发，但多数限于举例性的分类或对某一现象的概略描述，缺乏系统的归纳和解释。

1.3.2 与权势关系相关的名词研究

权势关系的差异常体现在社会空间动词关涉的名词性成分上。社会空间动词连接的具有权势差异的名词性成分生命度往往较高，典型的具有权势特征的名词性成分有专有名词、机构名词等。

关于专有名词，根据 Vincent Blanár（2008），国外关于专有名词的研究主要集中在专有名词是否有内涵上，一方认为（Villiam of Conches, Mill, Kripke）专有名词是无意义的指称符号，只有外延，没有内涵；另一方则认为，专有名词从个体的特殊特征中获得意义，如叶斯柏森（1988，何勇等译）指出，专有名词比通名在上下文中有更多意思，在上下文中，专有名词的意义比通名更特殊。持类似观点的还有 Hansack（2000），Searl（1970）等。

权势关系动词涉及的名词性成分有相当一部分是由机构名词充当的。张伯江（1999）、徐峰（2002）认为，机构名词通过隐喻作用，拟人化的用法。

名词性成分的权势特征有时会对语言的理解造成影响。张国宪（1997）在考察“V 双 +N 双”从支配关系向修饰限制关系游移的理解因素时发现，有“向”[1] 动词与不同控制度名词组合得到的语义关系不同。张清（2009）考察了判决书中的言语行为“本院认为”的语用特征，“认为”本无权势色彩，但在法院判决书中，由于“认为”的主体“法院”的特殊权势特征，“认为”被赋予了强权势色彩。

1.3.3 与权势相关的特殊句式

“把”字句和“被”字句是汉语中较为特殊的两类句式，社会空间动词对“把”字句和“被”字句的适应情况有一些差异。

乌云赛娜（2009）考察了《四世同堂》中所有的“把”字句和“被”字句，发现“把”字句和“被”字句的施事和受事如果是长辈和晚辈关系、上下级关系的话，长辈、上级作施事的概率高于晚辈和下级作施事的概率。与乌云赛娜

[1] 张国宪所说“动词的向”即我们的“高权势动词”和“低权势动词”动作的方向。

的研究相印证的是杨雪（2012），发现上级动词除了部分二价指物宾语动词、准二价动词之外，大部分可以进入“被”字句。而下级动词在“被”字句方面整体上呈现出一种或然性的特点。另外，多数上级动词经过一定的变换都可以进入“把”字句，而多数下级动词即使经过一定的变换也难以进入“把”字句。

邓守信（廖秋忠译，1991）把使成式中的“让”分为“让1”和“让2”。“让1”的意思是“施事1授权施事2做某事”。例如“领导让他到中央民族学院学习”。“让2”表示“施事1对施事2的医院进行让步”。例如，“他不让儿子看电视”。“让1”的关键特征是“权力”，与英语的have弱相似。have构成的使成式必须遵照施事1和施事2之间的某种权力模式——施事1在某种场合权力必须高于施事2。“让1”句中，施事1处于权力高的位置要求施事2执行有关动作，例如：

（23）The senator had his secretory type a letter.

这位参议员让秘书打一封信。

（24）*MS. Ray, a secretory, had the senator type a letter for her.

* Ray小姐，一位秘书，让参议员给她打一封信。

1.4 研究目标与研究意义

社会空间动词在汉语中表现比较突出，一是总数较多，二是涉及的动词类别较多。社会空间动词在构词、句法、语义、语用上都有鲜明的特征，需要对其进行系统研究。

（一）建立和完善动词的社会方向系统

关于动词方向性的研究，以往主要集中在动词物理空间的方向性上，且多以动作动词为主，动词社会空间方向性鲜有涉及，更没有系统的研究。动词的社会空间方向性制约着动词参与者的选择、动词共现成分的选择、句式的选用，对动词研究的深入有重要的理论价值。

（二）探讨权势关系对语义、句法、语用的制约

Hale & Keyser（1987）[1] 指出，确定动词的句法表现的要素正是其意义，知

[1] 转引自袁毓林，2013。

道动词的意义可能是知道其句法表现的关键。袁毓林（2013）对此进一步解释为：动词的特定句法特点是跟动词的某种语义类型有关。Levin(1993）通过对cut、break、touch、hit的句法行为差异的考察，进一步证实了句法行为及其语义特征的对应关系表现出成系统的类型特征。[1]

以“高权势”和“低权势”为语义特征的高权势动词和低权势动词是一组广义上的反义词，其语义特征影响着高权势动词和低权势动词的句法和语用表现。“高权势动词”和“低权势动词”又可分为不同的语义小类，每一小类在受到“高权势”和“低权势”语义制约的同时，又受其自身语义特征的约束，因此，句法、语义、语用表现又呈现出各自的特点。

（三）为第二语言汉语教学提供参考

社会空间动词及动作参与者之间的关系绝不能错配，否则会造成句子的不合法。本研究在对外汉语教学、少数民族汉语教学以及汉语的计算机自动化处理等应用领域都有较高的参考价值。

1.5 理论基础

（一）隐喻、转喻

隐喻是认知语言学中最重要的概念之一。空间域是人类最基本的认知域，人类认知过程中常把空间域的关系投射到非空间域，借以把握各种各样的非空间范畴和关系。“社会空间”的概念是从“物理空间”隐喻而来的，二者在结构上存在相似性，“高权势动词”“低权势动词”等概念也是由物理空间的“高、低/上、下”隐喻而来，权势关系动词相关的一系列语法表现也与物理空间有投射关系。

权势关系动词名词化和权势关系动词论元的构成等都和转喻相关。转喻而来的概念与原概念处于同一认知框架内，并继承原概念中某些成分，二者有天然的血脉联系。

（二）语用约束

词和词组合成一个合法的词组，至少要受到两种制约。一是句法约束

[1] 转引自袁毓林，2013。

（syntactic constraint）；二是语义约束（semantic constraint），即只有包含某种语义特征的词才能和包含某语义特征的词组合在一起形成某种语义关系。此外，还要受到语用约束（pragmatic constraint）（袁毓林，1993）。

语用学（pragmatics）研究符号和符号使用者之间的关系，涉及言语行为理论、语用意义和语用联系、定位功能和话语解释等诸多方面。

言语行为理论主要研究言语行为及其进行条件，言语行为的分类、交际准则及言外之意产生的条件等。语用意义主要指说话人对客观事物、人物和物象的主观评价的表达。其中词的语用意义是人们在语言实践中固定下来，内含于词汇中的评价、情感色彩等。定位功能涉及说话者在时空中位置的确定，如说出的话是否符合说话人和听话人的社会地位等。[1]

社会空间动词与说话人和听话者的权势差异相关，动词的强制性程度、内涵于其中的社会评价等语用特征都对动词的句法表现有影响。

（三）构式理论

构式语法认为，构式表示与人类经验有关的重要情景，是语言中的基本单位，构式本身是有意义的，并且构式意义不能从组成成分直接推导出来。Goldberg（1995）把构式定义为[2]：

C是一个独立构式，当且仅当C是一个形式（Fi）和意义（Si）的对应体，而无论是形式或意义的某些特征，都不能完全从C这个构式的组成成分或另外的先前已有的构式推知。要对一个构式进行解读，仅仅对“与构式有关的动词意义的解读是远远不够的”“需要参照与词条相关联的框架语义知识”。

词汇与构式都是有意义的，二者之间存在互动关系，动词和构式的互动有两种情况：正常和异常。前者，动词的词义与构式的意义相互和谐，此时自然形成一个完全可接受的句子；后者，即异常是指动词的意义与构式的意义不和谐，若要形成一个可被接受的句子，构式会出现“压制”的情况，迫使动词增添或削减意义。

---

❶ 参见袁毓林（1989）相关论述。

❷ 转引自陆俭明，2008。

第2章　社会空间动词的方向系统与权势匹配原则

动作在空间中展开，典型动词的动作在语义结构中主要表现指称的空间位置变化，因此，动作必有方向（张国宪,2000）。典型动词主要指动作动词，事实上，非动作动词也有位置变化，但这种位移不是通过物理性的外力来实现，而是通过空间隐喻来实现，也就是说，人类认知过程中常把物理空间的关系投射到非空间域，借以把握各种各样的非空间范畴和关系。

2.1　从物理空间到社会空间

隐喻是一种认知手段，是我们用来理解抽象概念，进行抽象推理的主要机制，借助隐喻，我们用具体的、有高度组织结构的事物来理解相对抽象的、无内部结构的事物。（Lacoff & Johnson，1980）

物理空间中，可以用实体之间的关系来为实体定位，社会也是由实体构成，不过社会空间的实体主要是作为社会主体的人或由人组成的组织。在社会空间中也能根据人与人（或由人组成的组织与组织，人与组织）之间的关系来给人定位，二者之间存在相似性，所以，物理空间中的关系可以通过人的认知投射到社会空间。

在社会空间域，人们借助“上、下”“高、低”的概念来认识人与人之间的关系，根据掌控社会资源的多少和对他人的影响力的强弱来区分社会空间权势的高低。一般用“上、高”隐喻社会地位高，“下、低”隐喻社会地位低。

上苍、上帝、上级、上司、上议院、高层、高干、高官

下级、下属、下等人、下人、下议院、低层3、底层2

古汉语中，“上”甚至可指君主、帝王，例如：

上胡不法先王之法？——《吕氏春秋·察今》

上使外将兵。——《史记·陈涉世家》

用“上、下”“高、低”隐喻社会地位的高低在世界语言中具有普遍共性，英语中也存在类似现象，例如：

Upper House 上议院　Lower House 下议院

upper class 上层阶级　lower class 下层阶级

upstart 新贵　downside（社会经济地位等）下层的

upper crust 上层阶级、上流社会、贵族阶层

以往关于物理空间域在社会空间域隐喻的研究多集中在名词和形容词上，对其在动词中的表现关注较少。动作的方向性特征也可以通过隐喻由物理空间映射到社会空间，最突出的是“上向、下向”的方向隐喻。物理空间由“上”向“下”或由“高”向“低”的动作方向是“下向”，投射到社会空间，高权势者相对于低权势者处于较高的位置，那么，高权势者对低权势者的动作方向也是由“上”向“下”的，是“下向”。例如：

（1）房子被雪压塌了。

（2）以前这个族群被某政权压迫……

（1）中的“压”是发生在物理空间中的动作，施力者是“雪”，受力者是“房子”，“雪”位于“房子”的上方，“压”动作的方向是“下向”；（2）中，“某政权”掌控着社会资源，处于社会地位的高层，是高权势者，对应于物理空间的“高 / 上”；“这个族群”处于社会位置的相对低层，是低权势者，对应于物理空间的“低 / 下”，“压迫”动作的方向“下向”，对应于物理空间动作的“下向”，如图 2-1 所示。

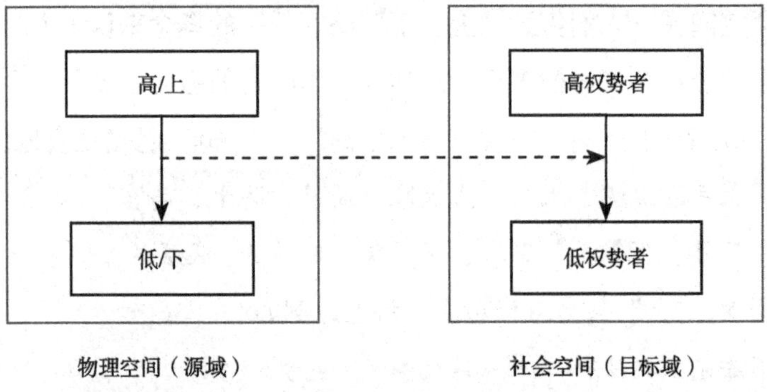

图2-1　高权势动词的空间隐喻

同样，物理空间中由“下”向“上”或由“低”向“高”的动作方向是“上向”，通过空间隐喻的作用，社会空间中高权势者对低权势者的动作可看作“上向”。例如：

（3）他上山去了。

（4）企业把这部分钱上交给了政府。

（3）中的“上”代表的事件是发生在物理空间中由低处“山下”向高处“山上”的“上向”运动。（4）中的“上交”的施事“企业”和与事“政府”之间在权势上存在差异，“企业”的权势低于“政府”，在社会空间中处于较低的位置，对应于物理空间的“低处”，“政府”在社会空间中处于较高的位置，对应于物理空间中的“高处”，位移体“钱”由处于较低位置的“企业”向较高位置的“政府”作“上向”运动，社会空间的动作“上向”对应于物理空间的“上向”，如图 2-2 所示。

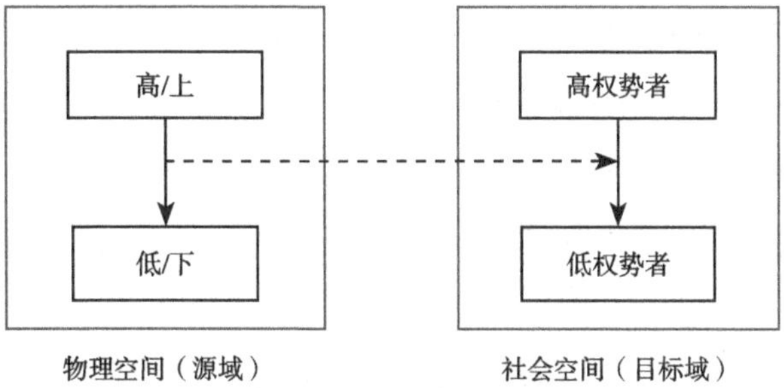

图2-2　低权势动词的空间隐喻

从以上分析可以看出，社会空间动词的方向性最突出的表现是：低权势动词都具有“上向”特征；高权势动词的动作方向都具有“下向”特征。

现代汉语中的社会空间动词在概念化过程中，常把“上向”“下向”的路径信息整合到词汇中，高权势动词中常内含“下向”的语义因素，低权势动词中常内含“上向”的语义因素，例如：

高权势动词：下达、克扣、压迫、垂爱、俯允

低权势动词：上呈、高攀、检举、仰慕、尊崇

动词中内含的方向信息常与名词中的不同，名词中若内含“高 / 上”义构

成分，则该名词一般为“高权势者”，反之，若内含“低 / 下”义构词成分，则多为“低权势者”；动词中若含有“高 / 上”义构词成分，常为“低权势动词”，若内含“低 / 下”义构词成分，则多为“高权势动词”。这种现象并不难解释，名词中的“高、低、上、下”义是为名词定位的，“高 / 上”为高权势者定位，“低 / 下”为低权势者定位。而动词中的“高、低、上、下”则是标明动作方向的，“上向”动作的源点是“低处”，对应于“低权势者”，即“上向”的动作是由“低权势者”发出的动作；“下向”动作的源点是“高处”，对应于“高权势者”，即“下向”的动作是由“高权势者”发出的动作。

2.2 社会空间动词方向的确定

社会空间动词的方向性与物理空间动词的方向性既有联系又有区别，二者之间存在复杂的对应关系。

最能体现方向性的动词是位移动词，“在一个事件中，至少有一个事件参与者发生了空间位置的转移或概念域范畴的转移，那么这个事件就是位移事件（崔希亮，2004）”，位移动词是指使位移事件参与者发生位移的动词，位移体位移的方向，就是动词的方向。

根据 Talmy（2000）和沈家煊（2003）的研究，一个位移事件至少包括四个基本概念：

① 图像，是指位移体，是相对参照点而运动的人或事物。

② 场景（ground），是指参照点，作为位移运动参照的物体，由“处所词”充当。

③ 位移（motion），是指运动本身。

④ 路径（path），是指位移体以场景为参照点的位移轨迹。在汉语中“路径”成分涉及趋向动词、方位词和介词。

如果细分，一个位移事件主要包含位移主体、位移起点、位移终点、参照点、动力源、路径、方向、目标等要素。但这些要素不一定会同时出现在一个句子里。[1]

---

[1] 参考崔希亮（2004）。

位移包括现实位移和虚拟位移，现实位移是发生在物理空间的位移，位移主体为“可触知性（palpability）”较高的事物，即“那些具体真实可感现实的事物；如果动作所关涉事物的“可触知性”低，则为虚拟位移，动作的方向是虚拟方向（王媛，2007）。例如：

（5）新郎新娘正在给来宾分发喜糖。

（6）队长向队员下发了进攻的命令。

（5）中的位移体“喜糖”可触知性高，“新郎新娘”为其初始位置，“来宾”为其位移终点，这种位移是发生在物理空间的现实位移；（6）中的位移体“命令”可触知性低，“队长”为位移起点，“队员”为位移终点，这种位移为虚拟位移。

不管是物理空间的现实位移还是虚拟空间的虚拟位移，都是位移，在无须特别区分的情况下，我们所说的“位移”既包含现实位移，也包含虚拟位移。

社会空间方向是指由动作参与者权势差异造成的方向，高权势者对低权势者动作的方向为“下向”，低权势者对高权势者动作的方向为“上向”。社会空间动词中内涵的方向既包含社会空间方向，有一些也包含物理空间方向，如（6）中“下发”的方向既包含“命令”转移的方向，同时也包含高对低的“下向”社会空间方向；而（5）中非社会空间动词“分发”的方向则只包含“喜糖”发生转移的物理空间方向。

我们在确定社会空间动词的方向时，既考虑社会空间方向，也考虑物理空间方向，由此得出四个大类：①高权势“位移”动词；②高权势非位移动词；③低权势“位移”动词；④低权势非位移动词。

2.3 社会空间动词方向系统

2.3.1 高权势动词的类型[1]

2.3.1.1 高权势“位移”动词

（一）高权势“下向”动词

“下向”位移是从高处到低处的位移，位移的源点处于终点的高处或上方。

[1] 动词的社会空间方向分类详见附录，本章只列举代表性词语。

位移方式有自移动和使役移动两种。自移动的动力源来自自身，使役移动的动力源来自外部。

（1）役使移位下向动词。高权势“下向”位移动词中最凸显权势关系的是使役移动动词，动力源的权势高于位移体或位移目标，如“撸②、下狱；下2③[1]、下达、查问、传达、传令、发布、发话①、交代②、口传、口授①、宣布、宣传、通知、吩咐”等。

（2）自移位下向动词。“下向”自移动动词主要有“下台、下野、下乡”等。

（二）高权势“施与”类动词

“施与”动作有三个参与者，一个是“施与者”，另一个是“接受者”，第三个是发生位移的“物品”。所谓的“施与”类是以施与者为参照点，观察得到的“物品”从“施与者”向“接受者”的位移方向，“施与者”是位移的起点，“接受者”是位移的终点。“施与”位移都是使役位移事件。

“施与”类并非必然凸显社会方向，凸显社会方向的只有一部分，如“颁奖、颁发、赏、赏赐、赐、赐予、分配①、封、封赏、授权、授命②”等。

（三）高权势“获取”类动词

“施与”与“获取”可看作是同一事件，选取的参照点不同，观察方向就不同。“获取”向是以“接受”者为参照点对事件的观察，而“施与”类则是以“施与”者为参照点观察得到的方向。

这类动词如“查获、检获、缴、缴获、收缴、征缴、征用、采纳”等。

（四）高权势“去除”类动词

“去除”类位移以“整体”为参照点，受事在施事的强力作用下，从整体中分离出去，并远离参照点，而这个“整体”一般是位移的起点。这类词如“罢免、裁员、炒（鱿鱼）、撤①、撤免、革职、豁免、减免、解雇、开除、遣散、剥夺”等。

（五）高权势“朝向目标”类动词

“朝向目标”是指使受事朝向目标运动，高权势“朝向目标”类动词一

---

[1] 参照惯例，数字“1、2”指同音词中的某个词，“①、②”指一个词中的某个义项。

般是以“目标”为参照点，“目标”是位移的终点。这类动词如“传⑥、传唤、传见、宣召、招安、召、召会、约见、召见”等，常有使令义，表示“使……来”。

（六）高权势“派出”类动词

高权势“派出”类位移动词是以施事为参照点，位移体一般为受事，在施事的要求下，受事朝远离施事的方向运动。这类动词如“分配②、分派、遣、派遣、委派、选派、流放 1”等。

（七）高权势“上向”动词

高权势动词的突出特征是社会方向的“下向”，在位移方向中，“下向”与社会方向的“下向”的搭配最和谐，但高权势动词中有一类却包含具有“上向”位移特征的词语，如“拔擢、提拔、提干、提名、提携、提讯、提职、选拔、擢升、擢用”等。

2.3.1.2　高权势非位移动词

（一）高权势“心理”动词

“高权势‘心理’动词”是心理动词的一类，凸显社会空间高权势者指向低权势者的心理活动，这类动词多与情感态度有关，如“宠爱、宠溺、宠幸、垂爱、垂怜、知遇、关怀、怜爱、偏护、偏袒、期待、器重、赏识、欣赏②、纵容”等。

（二）高权势“言语行为”动词

“高权势‘言语行为’动词”为高权势者对低权势者的言语行为动词，如“表彰、夸奖、呵斥、叱问、斥责、告诫、训、训斥、数落、谈话①、责备、过问、命名、点评、致词、叮嘱、嘱咐、叮咛”等。

（三）高权势“社会控制”类动词

高权势“社会控制”类动词凸显高权势者对低权势者的控制。“使令”类动词、“社会管理”类动词和“惩罚”类动词。

“使令”类动词如“命令 、允准、责成、支使、指挥、指令、指示、教、教育、指导、辅导、教导”等。

“社会管理”类动词数量较多，主要有：

①统治、统率类，如“统治、统率、统领、领导、操控”等。

②管理、监督类，如“管理、考查、把关、布置、整顿、监督、审定、视察”等。

③处置类，如“管辖、布控、裁处、搜捕、宣判”等。

“惩罚”类动词如“惩罚、责罚、处罚、惩戒、严惩”等。

（四）其他类

社会空间高权势非位移动词除上述外，还包括“养育”类、“帮扶”类、“评判”类等动词，如“补助、帮扶、抚养、教养、批改、录用、任命、任用、欺压、压迫、坐镇、荫庇”等。

2.3.2　低权势动词的类型

2.3.2.1　低权势“位移”动词

（一）低权势“上向”动词

“上向”位移是从低处向高处的位移，位移的源点位于低处或下方。虽然位移方向的“上向”与社会空间的“上向”在空间方向性上最和谐，但社会空间位移动词中，单纯的“上向”位移并不多，自移动动词主要有“上访、上行③、高攀、攀附、攀高枝、攀缘”等。使役类低权势上向位移动词主要是凸显信息“上向”位移的言语行为动词，这类动词主要有“报告、禀报、禀告、汇报、举报、举荐、上报2、反映②、密报”等。

（二）低权势“施与”类动词

除社会方向不同外，低权势“施与”类动词与高权势“施与”类动词表现相似，这类动词主要包括“报呈、呈交、上缴、上交、奉①、奉献、缴①、缴纳、献、敬③、孝敬②”等。

（三）低权势“获取”类动词

低权势“获取”类位移动词主要包括“篡、篡权、夺权、承袭、继承”等。

（四）低权势“朝向目标”类动词

不同于高权势“朝向目标”类动词，低权势“朝向目标”类动词多为自移动动词，这类动词主要有“拜见、参见、进见、朝拜、参拜、朝见、投靠、投奔”等。

2.3.2.2　社会空间低权势非位移动词

（一）“服从、接受”类动词

“服从”是相对于“控制”而言的，这类动词如“服从、执行、随从、随同、奉命、奉②、认罚、受命、受权、受赏”等。

（二）低权势“心理”动词

心理动词中专门用于低权势，这对高权势者叫作“低权势‘心理’动词”，这类动词如“爱戴、巴结、谄媚、崇拜、崇奉、崇敬、感戴、敬服、敬仰、敬重、缅怀、孝敬①、孝顺、仰慕、尊敬、尊崇”等。

（三）低权势“言语行为”动词

这类言语行为动词不凸显信息的位移，只是对某一类言语行为进行描述。这类动词如“告密、控告、顶撞、哀告、哀求、请命、请求、请愿、求饶、央告、央求”等。

（四）其他类

低权势非位移低权势动词除上述几类外，还包括“学习”类、“辅助”类、“赡养”类等，例如“学习、就教、辅助、拥护、仰赖、依附、赡养、承办”等。

2.3.3　社会空间动词语义类型的不对称

从语义类型上来看，社会空间高权势动词和低权势动词既有对称也有不对称。

高权势“位移”动词和低权势“位移”动词中都有“上向”“施与”“获取”“朝向目标”等位移方向；高权势动词还有“下向”“去除”和“派出”等位移方向，如表 2-1 所示。

表2-1　社会空间位移动词的方向

位移方向	高权势位移动词（下向）	低权势位移动词（上向）
上向	+	+
下向	+	–
“施与”类位移	+	+

续表

位移方向	高权势位移动词（下向）	低权势位移动词（上向）
“获取”类位移	+	+
“去除”类位移	+	-
“朝向目标”类位移	+	+
“派出”类位移	+	-

其中,“朝向目标”方向位移动词中，大部分有“去和某人会面”义，不同的是，高权势类多为使役移位动词，有使令义；低权势类多为自移动动词。

社会空间高权势非位移动词和低权势非位移动词中包含“心理”动词、“言语行为”动词。此外，高权势非位移动词中还包含“控制”类动词，低权势非位移动词中无此类；低权势非位移动词中包含“服从”类动词，高权势非位移动词中则不包含此类，但“控制”与“服从”在语义上有对应关系，如表2-2所示。

表2-2 社会空间非位移动词的方向

动词类型	高权势非位移动词（下向）	低权势非位移动词（上向）
“心理”动词	+	+
“言语行为”动词	+	+
“控制”类动词	+	-
“服从”类动词	-	+
其他类	+	+

2.4 社会空间方向与社会空间动词的构词特征

社会空间动词内涵的权势特征常常体现在构词成分特征上。

2.4.1 高权势动词构词特征

（一）内含[+下向]特征的构词成分

社会空间的“下向”与物理空间的“下向”是一种和谐的对应关系，社会空间高权势动词中，带有 [+ 下向] 语义特征构词成分主要有“垂、蹲、俯、降、扣、撸、压、下、伏、坐”等，它们构词能力相对较强，构成的高权势动词较多，共 30 个，如“垂爱、蹲点、俯察、降职、查扣、弹压、撸、下达、制伏、坐镇”等。

“垂、蹲、俯、降、扣、撸、压、下、伏、坐”等构词成分的动词中都含有“下向”的语义特征，不同的是带有“垂、俯”构词成分的动词有明显的 [+ 表敬] 语义特征，而“扣、压”则带有 [+ 强制] 的语义特征。

（二）内含 [+ 前向] 特征的构词成分

高权势动词中还有一类带有 [+ 前向] 语义特征的构词成分，如“领、导、指”等，由这类构词成分构成的高权势动词共 11 个，如“领导、统领、率领、引导、指点、指教、指示、指令、指派、指使、指引”等。

“领、导”都有“带、引导”义,“带、引导”的施事必在受事之前，所以，它们的方向应为前向,“指”的方向虽然难以确定，但对于动作的施事来说，无标记的“指”应该指向前方，我们以“指向前”和“指向后”为条件，查询了北京大学中国语言研究中心现代汉语语料库（简称 CCL 语料库）和北京语言大学汉语语料库（简称 BCC 语料库），其中，“指向前”在 CCL 语料库中共检索出 28 条合格语料，“指向后”只有 4 条；BCC 语料库中“指向前”166 例，“指向后”35 例，由此可见，“指”无标记方向应该为“前”。“前”一般会对“后”起到引领作用，因此发展出带有高权势色彩语义特征。

（三）内含 [+ 去除] 义特征的构词成分

所谓“去除”，指的是在施事的作用下，受事从附着体上分离，这类构词成分包括“剥、除、黜、免、革、遣、解、减”等，它们构成的高权势动词共 20 个，对应于社会空间高权势‘去除’类”动词，如“剥夺、除名、黜免、开除、遣散、革职、解雇、遣送、减免”等。

“剥”有“剥离”义,“除、黜、免、革、蠲”都有“免除”义；“减”也有“免除”义，但是是部分免除；“遣”有“使离开”义，即从附着体上离开，远离参照点。这类动词往往具有 [+ 强制] 的语义特征。

（四）内含 [+ 上向] 特征的构词成分

高权势动词的突出特征是“下向”，所以物理空间中的“下向”与之最为相配，但是正如低权势动词中有一类词包含“下向”构词成分，高权势动词中也有一类包含 [+ 上向] 特征的构词成分，如“提、拔、擢”等，它们构成的高权势动词共 10 个，对应于“社会空间高权势上向动词”，如“提拔、选拔、擢升”等。

（五）内含 [+ 强制] 义特征构词成分

高权势动词通常内含有 [+ 强制] 特征的构词成分，所谓“强制”，是指“用法律或政治、经济力量强迫”[1]。“强制”最突出的特征是受事或强制的对象必须服从，没有自主作出决定的自由，而施事往往具有公权力[2]的特征，施事往往是公权力机构或由公权力机构赋予行使权的个人。这类具有 [+ 强制] 语义特征的构词成分有“贬、裁、撤、惩、罚、处、缴、抄 2、缉、拘、搜；征 2、传、敕、令 1、派⑥；赐、分、封 1、奖、授、赦；管 2、统 1③、督、查、监、勒、调（diao51）、制③”等，构成的高权势动词共 253 个，如“贬职、裁处、撤免、惩处、罚款、处分、收缴、抄查、缉查、拘传、看押、搜捕、征调、传唤、敕令、派遣、赐教、分配、封赏、奖励、授命 2、赦免、管控、统率、督办、查办、监察、勒派、调拨、召集、挟制”等。

其中，包含“贬、裁、撤、惩、罚、处、缴、抄、缉、拘、搜”等构词成分的高权势动词往往造成的是不如意结果，即对于权势相对较低的受事来说不希望看到的结果，如“贬官、贬职、裁汰、惩罚、处分”等；包含“赐、封、奖、授”等构词成分的高权势动词造成的结果往往是好的结果，即对于权势相对较低的受事来说是希望看到的结果，如“恩赐、授奖、封赏”等。

包含“传、敕、令、命”构词成分的动词多为言语行为动词，这类构词成分构成的高权势动词常含有“命令”的语义特征，如“传唤、敕令、命名”等。

---

❶《现代汉语词典（第 6 版）》“强制”词条的解释。

❷ 公权力是存在于公共领域的权力，包括国家公权力、社会公权力和国际公权力。国家公权力主体是拥有合法暴力工具的垄断性权威机构；社会公权力的主体是国家之外的社会组织；国际公权力的主体是国家间经过协商建立国际组织。（徐靖，2014）

（六）内含 [+ 评判] 义特征构词成分

“评判”指的是对事物的是非、优劣、胜负的判定，具有评判权的人或机构势必具有相对于被评判的人或机构较高的权势。这类具有 [+评判] 义特征的高权势动词的施事也常常具有公权力特征。评判义常由“审、考、选、批 2、评、判”等构词成分赋予，构成的高权势动词共 68 个，如“审查、考察、选拔、批示、评改、判决”等。

（七）内含 [+ 责斥] 义特征构词成分

“责斥”是指“要求对方做成某件事或达到一定的标准、批评指摘”义。一般来说，提出要求的人或指摘别人的人往往具有相对较高的权势。这类动词常包含“训、责、呵、叱、斥”等构词成分，它们多是言语行为动词，它们的施事一般是人。这类高权势动词共 35 个，如“训斥、责令、呵斥、叱责、斥问”等。

这类动词表现的事件大部分是不符合礼貌原则的，这种语义常由词中所带的构词成分表现出来，如“训”有“教导，训诫”义；“责”有“要求做成某件事或达到某种一定的标准；诘问；质问；责备”义；“呵”为“呵斥”；“叱”为“大声责骂”；“斥”为“责备”义。这也是与低权势动词中 [+ 表敬] 语义特征的词语占优势相反的。

（八）内含 [+ 帮扶] 义特征构词成分

带有 [+ 帮扶] 义特征的构词成分如“抚、帮、扶、庇、救、袒②”等，这类高权势动词共 22 个，如“抚爱、帮扶、扶持、救助、荫庇、偏袒”等。

一般来说，这类高权势动词表示的事件会造成好的结果，即对受事来说是有益的结果。

（九）内含 [+ 养育] 义特征构词成分

这类动词中常含有“教”“培”“养”等构词成分，这类高权势动词共 29 个，如“教诲、培养、奉养、抚养”等。

（十）内含 [+ 用、宠] 义的构词成分

带有“用、宠”等构词成分的动词也常常是高权势动词，共 16 个，如“用饭、宠用、宠爱”等。

“用”有“①使用；⑤吃、喝”义，当作“吃、喝”讲时，含有恭敬义，

具有“表敬”色彩，但“表敬”指的是说话人对“用”的施事带有恭敬的态度，即“用⑤、用餐、用饭、用膳”等词语中融入了说话人的主观态度，所以，这些词多用于面对面的谈话中，它们的主语常常是第二人称“您”，例如：

（7）您慢用。

（8）请您用餐／用饭。

而带有“宠”的高权势动词多含有贬义特征。

2.4.2 低权势动词构词特征

（一）内含[+上向]义特征构词成分

低权势动词中一些带有物理空间[+上向]的语义特征，这类动词是最具特点的低权势动词。这类构词成分主要有“呈、承、奉、举、上、仰、冒、攀、起、提、崇”等。物理空间的上向与社会空间的上向是相匹配的，这类动词所占比例较高，共64个，这些具有[+上向]特征的构词成分不但对应于有位移特征的低权势动词，在无位移特征的低权势动词中也存在，如“保举、呈报、上缴、上行、奉令、奉养、冒渎、攀附、起诉、提请、仰赖、仰慕、尊崇”等。

“举、上、仰、攀、起、提”都是向上的动作，带有明显的[+上向]的语义特征。“呈”在《现代汉语词典（第6版）》中的相关解释为“恭敬地送上去”。即“呈”中也包含“上”的义素；“承”和“奉”都有“接、接受”的意思，二者力的方向也都是上向的；“冒”义为“向外透，往上升”，也有[+上向]的语义特征；“崇”为“高”义[1]。

上述词语中，包含“呈”“崇”构词成分的低权势动词多带有[+表敬]的语义特征。

（二）内含[+逆向]义特征构词成分

所谓“逆向”，是指动作的施事与动作的受事或对象用力的方向相反，这类构词成分有“违、逆、叛、犯、顶、撞、拒、抗、反、忤、篡”等。高权势动词中则不包含这一类。包含“逆向”构词成分的社会空间低权势动词共25个，对应于低权势逆向位移动词，如“违逆、背叛、触犯、顶撞、拒捕、抗命、谋反、违拗、违忤、篡权”等。

---

[1] 本书词语的解释都源自《现代汉语词典（第6版）》，下同。

（三）内含 [+ 顺向] 义特征构词成分

“顺向”是指施事沿着与受事或对象相同的方向运动。这类构词成分主要有“从、同、随”等，组成的动词共 9 个，主要对应于低权势非位移动词中的“服从”类，如“服从、陪同、顺从、追随”等。

（四）内含 [+ 朝向目标] 义特征构词成分

所谓“朝向目标方向”，是指施事朝向受事或对象的方向运动。能体现“朝向目标方向”义的构词成分主要有“投、就、依、附、仗、拥、倚”等，这类动词共 17 个，如“投靠、投诉、就范、就教、攀附、依仗、倚仗、拥护、仗势”等。

（五）内含 [+ 下向] 义特征构词成分

比较有意思的是低权势动词中还包含一类含有 [+ 下向] 语义特征的构词成分，如“拜、叩、鞠”等构词成分，这类低权势动词共 19 个，如“拜别、拜见、叩拜、鞠躬、鞠养”等。

“拜、叩、鞠”等表示的都是向下的动作，与低权势动词 [+ 上向] 的语义特征不符，但仔细观察，我们会发现，上述几组低权势动词所含方向性构词成分表示的动作多涉及除施事之外的他物，如“顶”涉及受事，受事在动作的作用下发生向上的位移，即使施事对受事或对象没有影响，但没有受事动作也很难进行，如“投师”，如果不存在“师”，就没有“投师”的动作。而“拜、叩、鞠”等动作虽涉及他物，但“他物”在动作中不占重要地位，只是动作的对象，不参与动作，对象对动作不起决定性作用，如“拜”，即使不存在被拜的对象,“拜”的动作仍可进行，它们是完全的自移动动词，即这类动作不是使对方向下运动，而是自身向下运动以凸显对方的“高位”，因此，这类词便带有“表敬”的色彩，低权势动词中存在 [+ 下向] 语义特征的构词成分并不构成低权势动词 [+ 上向] 特征的反例。

（六）内含 [+ 表敬] 义特征构词成分

低权势动词中常含有 [+ 表敬] 语义特征的构词成分，如“敬、尊 1 ①②、供 1、献①、效 3、谄、朝④、孝①、侍、请”等。

中国传统文化讲究“礼”,“礼”的核心内容在于“尊尊，亲亲，长长”[1]，其目的是建立自上而下以君主为至高点的严密等级制度，对尊者、长者示以尊重是基本礼仪，表现在词汇层面就是低权势动词中存在相当数量的 [+ 表敬] 语义特征的构词成分。“敬①②”“尊 1 ②”都表示“尊敬、敬重，尊崇”义；“献①、效 3、供 1、敬③”都有“恭敬地送上、献出”义，属于予取类动词；“朝④”为臣子见君主或宗教徒参拜圣地义；“孝”指的是“对父母尽心奉养并顺从”义；“侍”为“陪伴侍候”，内含“恭敬”义；“谄”指的是用卑贱的手段讨好人，我们也可以理解为过分或表面恭敬之意；“谄”和“请①”都属于言语行为动词。这类动词共 57 个，如“敬奉、敬礼、敬服、尊敬、尊崇、尊重、朝拜、朝贡、供养、献花、献策、效死、效忠、报请、陈请、呈请、促请、谄媚”等。

带有“谄”的低权势动词都有贬义特征。

（七）内含 [+ 祈求] 义特征构词成分

含有 [+ 祈求] 义构词成分的动词常具有低权势特征，一般来说,“求、祈”的施事相对受事（或对象）处于弱势，这类构词成分包括“请①、祈、求①、乞①、告③”等，这类构词成分构成的词语多为言语行为动词，这类低权势动词共 23 个，如“哀求、请求、祈祷、乞求、告假”等。

（八）内含 [+ 报告] 或 [+ 控辩] 义特征构词成分

这类动词也多为言语行为动词，其中主要含有“报告”“控辩”义，常包含“报①、禀①、启②、申 1、告①②、供2”等构词成分，这类动词共44个，如“报案、报告、禀告、启奏、申报、申办、告发、告状”等。

（九）内含 [+ 效法] 或 [+ 学习] 义特征构词成分

这类构词成分如“师 1 ⑥、遵①”，一般“效法”和“学习”的对象在某方面占有一定优势，因此具有一定的高权势特征，这类词便具有低对高的低权势色彩，这类低权势动词共 11 个，如“师承、师从、遵命、遵行、遵照”等。

（十）内含 [+ 遭受] 或 [+ 接受] 义特征构词成分

带有 [+ 遭受] 或 [+ 接受] 义构词成分的动词表示的事件是在外力作用下发生的，施事往往处于被动或附属的地位，其中，含 [+ 被动] 特征的有“缴②、

[1] 胡海滨，刘港（2005）。

受①②、认③、领⑧⑨、奉②、挨①”，如表 2-3 所示。“缴②”义为“被迫交出”；“受①②”义为“接受；遭受”；“认③”表示“同意；承认”；“领⑧⑨”为“领取；接受”；“奉②”为“接受”；“挨①”表示“遭受；忍受”，这些动词的施事都是非主动的。这类低权势动词共 23 个，如“缴纳、受罚、受奖、认罚、领命、奉命、挨批”等。

这类动词表示的事件多带有不如意的色彩，如“缴械、受罚、受审、受刑、认缴、认罚、挨板子、挨整、挨批”等。“受”与“授”是一对反义词，一个表示“接受”，一个表示“给予”，“受”在低权势动词中出现得较多，而“授”多出现在高权势动词中。

这类低权势动词在构词上很有特点，在高权势动词前加“受”“认”“领”和“挨”等有改变词语权势特征的作用构词成分，如“罚、奖、审、命 2 ①、训、整”等都有明显的高权势特征，前加“受”“认”“领”和“挨”之后则变成了低权势动词。

表2-3　由“受、认”等语素构成的低权势动词

高权势动词	低权势动词				
	受	认	挨	奉	领
奖、奖励、授奖	受奖	—	—	—	领奖
赏、赏赐	受赏	—	—	—	领赏
审问	受审	—	—	—	—
授权	受权	—	—	—	—
检查	受检	—	—	—	—
检阅	受阅	—	—	—	—
授业	受业	—	—	—	—
培训、训斥	受训	—	挨训	—	—
缴	—	认缴	—	—	—
罚、罚款	受罚	认罚	挨罚	—	—
命令、授命	受命	—	—	奉命、奉令	（领命）[1]
—	—	—	—	奉使、奉诏、奉旨	（领旨）
批评	—	—	挨批	—	—

[1] 加括号的词是短语而非词，《现代汉语词典（第 6 版）》未收录。

“受、认、挨、奉、领、请”等改变动词权势特征的构词成分在分工上有不同，“受”强调被动接受，可搭配的范围较广；“领”“奉”不强调被动性，“领”可搭配“奖、赏”和“命令”类构词成分，而“奉”可搭配的范围较窄，一般只能和“命令”类构词成分搭配；“认”有主观接受义，一般和消极义动词或构词成分搭配构词，如“认罚、认缴”等；“挨”也是被动接受，消极意义高于“认”。从主观性角度看，“认 > 奉 > 受 > 挨”。“认”类能接受“主动、自愿”和“只得、不得不”修饰，“奉”可接受“只得、不得不”修饰，而“受”类一般不能，但“受”的结果既有好的，也有不如意的，而“挨”的结果都是不如意的，所以“挨”的主语主动性更低，例如：

(9)他主动 / 自愿认缴 / 认罚。

(10)*他主动 / 自愿奉命。

(11)*他主动 / 自愿受命。

(12)他不得不认罚 / 认缴。

(13)他不得不奉命。

(14)？他不得不受命。

(15)*他不得不受罚 / 受检 / 受阅……

(16)他欣然受命。

(17)*他主动 / 不得不 / 欣然挨罚。

高权势动词前加“受、认、奉”等构词成分可转化成相应的低权势动词，但是我们没有发现低权势动词前加构词成分变为高权势动词的构词方式，例如：

奖——受奖

罚——受罚

献——*受献

（十一）内含 [+ 依仗] 义特征构词成分

这类构词成分主要是“依、仗 1 ③”，这类动词的施事往往依仗权势较高者的权势而做出某行动，这类低权势动词共 5 个，如“仗势、仗恃、依仗、倚仗、仰仗”等。

2.4.3　高权势动词与低权势动词构词上的不对称

社会空间高权势动词和低权势动词在构词特征上表现出不对称特征。

高权势动词和低权势动词中都有一些方向性构词成分，高权势动词中常包含“下向、朝向目标方向、去除向、前向、上向”义构词成分，其中以“下向”和“去除向”居多；低权势动词常内含“上向、逆向、顺向、朝向目标方向”义构词成分，其中以“上向、逆向”占优势，如表 2-4 所示。

表2-4　社会空间动词内含构词成分的不对称1（方向性构词成分）

方向	高权势动词		低权势动词	
	包含语素	构词数	包含语素	构词数
上向	提、拔、擢	10	呈、承、奉、举、上、仰、冒、攀、起、提、崇	64
下向	垂、蹲、俯、降、扣、撸、压、下、伏、坐	30	拜、叩、鞠	19
逆向	—	0	违、逆、叛、犯、顶、撞、拒、抗、反、忤、篡	25
顺向	—	0	从、同、顺	9
朝向目标方向	传、召、宣	9	投、就、依、附、仗、拥、倚	17
前向	领、导、指	10	—	0
“去除”类	剥、除、黜、免、革、黜、撸、遣、解③、减	20	—	0

还有一些高权势动词内含“强制、评判、斥责、养育、帮扶、宠”义构词成分，而低权势动词一般不含此类；一些低权势动词内含“表敬、报告、控辩、祈求、遭受、效法、学习、依仗”义构词成分，而高权势动词一般则无[1]。其中高权势动词中“强制”义构词成分出现比例最高；低权势动词中

[1] 高权势动词内含“用”构词成分的有“表敬”义。

“表敬”义构词成分出现比例最高。[+强制]是高权势动词的无标记特征；[+表敬]是低权势动词的无标记特征，如表2-5所示。

表2-5 社会空间动词内含构词成分的不对称2（非方向性构词成分）

构词成分义类	高权势动词		低权势动词	
	包含语素	构词数	包含语素	构词数[1]
表敬	用	4	敬、尊1①②、供1、献①、效3、谄、朝④、孝①、侍	57
报告、控辩	—	0	报①、禀①、启②、申1、告②、供2	45
祈求	—	0	请①、祈、求①、乞①、告③	23
遭受	—	0	缴②、受①②、认③、领⑧⑨、奉②、挨	23
效法，学习	—	0	师1⑥、遵①	11
依仗	—	0	仗1③	5
强制	贬、裁、撤、惩、罚、处、缴、抄2、缉、拘、搜;征2、传、敕、令1、派⑥;赐、分②、封1、奖、授、赦;管2、督、查、监、勒、调（diao51）、看（kan55）②、拷、统、制③	253	—	0
评判	审、考、选、批2、评、判	68	—	0
斥责	训、责、呵、叱、斥	35	—	0
养育	教、养、培	29	养	2
帮扶	抚、帮、扶、庇、救、袒	22	—	0
宠	宠	5	—	0

[1] 由于汉语词以复合双音节形式为主，构成词的两个语素有时都带有权势色彩，所以在以语素为单位统计时，构词数会有重复统计的情况，本表最终构词数目相加结果不等于调查得到的权势关系动词总数。

2.5 社会空间动词动作的参与者

社会空间动词有权势特征，对其动作的参与者有严格选择，即权势关系动词的参与者有权势上的差异，并且二者要遵循一定权势流向，高权势者与低权势者之间不能互换位置。

2.5.1 社会空间动词涉及的动作参与者

（一）专有名词

权势关系中的一方常常以专有名词的形式出现。专有名词是指语义上具有专指性或特指性的词或固定短语（吕长凤,2012）。专有名词既可以指人，也可以指地名或者机构。

专有名词最符合“约定俗成”的命名原则，一个人叫“张山”还是“张水”基本上是无理据可言的，专有名词不凸显它与另外的人或事物的关系特征，但是我们却又明确地感知到如“秦始皇”“全国人民代表大会”等专有名词本身含有一定的高权势性，那么，这种高权势特征源于何处，是一个需要讨论的问题。

根据 Vincent Blanár（2008），国外关于专有名词的研究主要集中在专有名词是否有内涵上，一方认为（Villiam of Conches，Mill，Kripke）专有名词是无意义的指称符号，只是把我们的思维和我们所命名的事物联系起来的标签，即专有名词只有外延，没有内涵。另一方则认为，专有名词从个体的特殊特征中获得意义。例如叶斯柏森（1988，何勇等译）则指出，专有名词比通名在上下文中有更多意思，在上下文中，专有名词的意义比通名更特殊。持类似观点的还有 Hansack（2000），他认为，专有名词提供了关于被命名事物的一组信息，它不是附加在专名事物上的，而是构建了关于专名事物的知识（转引自 Vincent Blanár，2008）。Searl（1970）则认为，“如果问专有名词描述一个特定事物是否有意义，答案是否定的。但如果问专有名词是否逻辑上与它所指事物特征相关，答案是肯定的，是一种不太紧密的联系”。

专有名词在命名之初确实更多地体现了任意性，但随着专有名词所指对象参与社会生活程度的加深，内涵变得越来越丰富。以“秦始皇”为例，百度百科的描述为“秦始皇（前 259—前 210 年）……出生于赵国都城邯郸，十三岁继承王位，三十九岁称皇帝，在位三十七年。中国历史上著名的政治家、战略家、改革家，首位完成华夏大一统的铁腕政治人物。……”专有名词的这些内涵意义，构成了它所指称的人或事物的百科知识，在不同的语言环境中，人们提取和凸显的部分不同。作为专有名词的“秦始皇”凸显的权势意义来源于他的身份信息，即他是一位“皇帝”，因此在他生活的时代具有最高权势。

在一个特定的社会领域，人们会共享一些百科知识，尤其是关于一些名人的信息，因此，即使没有参照点，或参照点不出现，人们仍然能确认一个专有名词的权势高低。例如：

（18）他向罗斯福详细汇报了出访日本的情况。

“他”是代词，在没有上下文的情况下很难确定所指，因此不能对“罗斯福”进行定位，但由于“罗斯福”的身份信息是美国社会的共享信息，本身自带高权势特征，反过来可以对“他”进行定位。

若专有名词蕴含的百科知识并非广为人知，那么就需要由复杂的修饰语来实现身份尤其是社会身份的构建。Tajfel & Turner（1986）认为，社会身份的取得来自群体成员资格，个体社会身份的形成表面上是个体自我归类造成的，然而更深层的意义是通过归类获得的社会身份具有提高自尊和获得尊重的社会内涵（转引自袁周敏，2011）。因此，说话人一般根据社会的积极取向定位或者凸显言谈对象的身份，构建社会身份的方式表现在语言上，常采用“通名 + 专名”的形式。专有名词和通名常常构成同位关系，二者位置或为“通名 + 专名”，或为“专名 + 通名”。马庆株（1988）认为，前者符合“相对意义名词 + 绝对意义名词”的一般规律，而后者则出于“表敬”的需求，即“专名 + 通名”形式具有 [+ 表敬] 的语义特征。

机构类专有名词如“海关、教育部、公安部、司法部、检察机关、省政府、县政府、乡政府”等。这些机构代表国家行使权力，并受到国家法律的支持，强制被管理者服从，因而都是绝对高权势者，而“被管理者”则是相应的低权势者。例如：

（19）海关没收了他的行李，包括 800 多千克书籍和笔记本。

（20）法院判处他十年有期徒刑。

还有一些“类机构名词”，如“会议”等，也具有与机构类名词相似的高权势特征。“会议”指的是“有组织有领导地商议事情的集会”。或“一种经常商讨并处理重要事务的常设机构”。“会议”作出的决定往往要求相关人或组织必须遵守，因此具有较高的权势性。例如：

（21）WTO总干事由部长会议任命。

（22）北京市政协九届常委会第二十九次会议审议了“关于北京住房市场有关问题的调研报告”。

（21）中的“任命”和（22）中的“审议”都是社会空间高权势动词，“会议”明显具有高权势特征。

有一点需要说明，大部分专有名词无权势色彩，有高权势色彩的专有名词只占少数，即无权势特征是专有名词的无标记特征，“高权势”特征是有标记特征。除社会评价中为负向的专有名词有时有低权势色彩外，低权势特征在专有名词中表现不突出［详见本节（八）的论述］。

（二）“领导”类名词

组织要有效运转就需要“领导”，领导的权力是组织赋予的，在组织权力范围内，“领导”相对于“被领导者”具有绝对的权力，是绝对高权势者，而“下级”则是绝对的低权势者[1]。语言中“领导”类名词主要有“领导、上级、上司、主人”，“被领导者”主要有“下级、下属、手下、仆人”等，这些都是指人名词。例如：

（23）公司领导把不好好干活的下属开除了。

（24）上级命令他马上出发。

领导者高权势特征是人与人在社会组织管理体系中形成的关系，一般不需要语境激活。

（三）“命令”类抽象名词

“命令”等抽象名词也具有高权势色彩。会议会形成“决议”，管理者会对被管理者发布“命令”“通知”“指示”“意见”“公告”“公报”“决定”等，这类名词也具有一定的高权势特征。例如：

（25）有关决议授权国际原子能机构……

---

[1] 社会学相关内容参考戴维·波普诺（1987）。

(26)公报号召全党要认真学习会议思想。

与上述“命令”类高权势名词相对应的“报告、请示、申请”等则具有低权势特征。例如：

(27)他向组织上递交了入党申请。

(28)下级向上级提交了调查报告。

具有高权势特征的名词可以在句中作主语，而低权势特征的名词如“申请、指示”等一般不能，例如：

(29)* 申请认为他需要休息。

(30)* 请示提出马上开工的要求。

(四)“法律”类抽象名词

组织机构为了顺利运行，会制定相应的法律法规，这类“法律、法规”类名词也是抽象名词，并具有高权势特征。例如：

(31)美国法律禁止性别歧视。

(32)美国联邦法律授权行政机关可依法定程序对罪犯之财产予以没收。

(五)职务名词

有些权力机构中的职员也可代表机构对被管理者行使管理权，如“警察、老师、主任”等，但是这类名词都是职务名词，高权势特征需要语境才能被激活，在特定的语境下还有可能是低权势者。这类名词具有的高权势特征非绝对高权势。例如：

(33)路上一个警察走了过来。

(34)警察命令他举手接受检查。

(35)那个警察正在向局长汇报工作。

(33)中的警察不凸显权势特征，(34)中的警察则具有高权势特征，因此可以对被管理者“他”发号施令；(35)中的“警察”则是低权势者。

(六)亲属名词

长辈与晚辈关系隶属于亲属关系或扩大的亲属关系。亲属关系主要是以生育和婚配为基础确立的，指称这类关系的名词是亲属关系名词，如“爸爸、父亲、岳父、儿子、女婿、爷爷、奶奶、孙子、哥哥、弟弟”等。中国社会的“长长、幼幼”的价值观主要体现在这个层次上，一般长辈、年龄较大者的权势高于晚辈、年龄较小者。扩大的亲属关系指的是中国社会常把亲属称谓扩大到非亲属关系的范围，如一般对女性称呼“阿姨”，对男性称呼“叔叔、伯伯”等。

亲属关系名词是关系名词中的一种，关系名词表示对某一或某些特定对象有某种特定关系的事物（主要是人）（刘丹青，1983）。关系名词一般是一价名词，它们在语义上往往是不自足的，需要在句中找到一个参照，我们常常根据参照点明确动作参与者的身份信息。例如：

（36）儿子敬了父亲一杯酒。

“敬”联系着“儿子”和“父亲”两个动作参与者，二者在辈分上有高低之分。但有一些句子里没有指明这种差异，则需要我们寻找一个参照点来确认这种关系，例如：

（37）小李敬了父亲一杯酒。

单独的“父亲”语义不自足，没有明确的所指，需要我们在句中找一个参照点,“小李”则是句中唯一出现的人，我们很自然地把句中主语“小李”作为参照点，使得“父亲”可以被确定为“小李的父亲”。

（七）集体与个体

集体与个体之间也存在权势差异，一般集体权势高于个体权势。在群体中的个人常常倾向于与整个群体保持一致，群体的观点甚至影响个体做出错误的判读或违心的决定，多个社会学试验证实了这一点[1]，从这个角度来看，群体权势高于个体权势，这在语言中也有所表现。例如：

（38）新克秋为北京的京剧观众献上了好几出她的拿手程派戏。

（39）社会风气不好，廉政建设不好，我们同样无法向人民群众交代。

“献”和“交代”都是低权势社会空间动词，社会空间方向特征为“上向”，即施事在权势上处于低于受事的位置，（38）中的低权势者为“新克秋”，相对的高权势者则为集体名词“北京的京剧观众”。（39）中的高权势者则是“人民群众”。

但是集体的高权势并不是绝对的，每个社会群体都会在最终产生一些“领

---

[1] 详见戴维•波普诺（1987）。

导”角色，而领导在群体中的权势性又高于一般群体内的其他成员，在群体中，“领导”是绝对高权势者。例如：

（40）县领导分头指挥群众开展灾后生产。

（41）党领导人民走上了小康之路。

（八）社会评价的高权势者与低权势者

社会评价的差异会造成主观上权势的差异，一般来说，正向的、社会评价高的人或事物被赋予高权势色彩，反之，负向的、社会评价低的人或事物则被赋予低权势色彩。例如：

（42a）同学们向英雄献上鲜花。

（42b）* 同学们向战犯献上精心准备的礼物。

（43a）同学们瞻仰了革命英雄纪念碑。

（43b）* 同学们瞻仰了战犯纪念碑。

（42a）和（42b）中的“献”与（43a）和（43b）中的“瞻仰”都是社会空间低权势动词，即二者都是低权势者对高权势者的动作，但是（42a）和（43a）都成立，而（42b）和（43b）则都不成，因为（42a）中“英雄”和（43a）中的“英雄纪念碑”都是社会评价中积极正向的事物，而（42b）和（43b）中的“战犯”和“战犯纪念碑”则是社会评价中负向消极的事物。

2.5.2 高权势名词对无权势特征动词的赋权作用

上述“机构”名词、“领导”类名词、“命令”类名词和“法律法规”类名词无须语境激活便能体现出高权势色彩，因此具有绝对的高权势特征，这类词具有赋予非社会空间动词权势特征的作用，如“认为”“决定”等动词并无权势色彩，但如果有机构名词作主语，有时会被赋予权势特征。例如：

（44）法院认为，原告之诉未超过法定之诉讼时效期限。

（45）中央决定“十五”期间继续实施“贫困地区义务教育工作”。

（46）中共中央政治局召开会议……会议认为……会议指出……会议强调……

“法院”“中央”“中共中央政治局会议”等具有绝对的权势，因此对共现的动词有赋予高权势特征的作用。

受事如果为高权势名词，也会赋予无权势色彩的动词以权势色彩。例如：

（47a）他给大家发了糖。

（47b）他给大家发了一份文件。

（48a）杨永强接受了我的指示。

（48b）杨永强接受了我的申请。

（47a）不凸显“他”与“大家”之间的权势差异，而（47b）则凸显“他”具有一定的高权势特征，主要是由（47a）和（47b）中动作的受事不同造成的，“糖”无权势特征，而“文件”则具有高权势特征。“杨永强”在（48a）中被解读为“我”的下级，而（48b）中则被解读为“我”的上级，也是由受事宾语的权势特征决定的，作为动词“指示”有“下向”的高权势特征，“申请”则具有“上向”的低权势特征，作为名词的“指示”和“申请”继承了动词的权势色彩，因此能赋予句中动词施事不同的权势特征。

2.6 权势匹配原则及应用

2.6.1 权势匹配原则

除特殊句式外，权势关系动词组成的句子一般都符合权势匹配原则。

“权势匹配”指的是低权势动词表示的事件，权势的流向是由低权势者流向高权势者；高权势动词表示的事件，权势的流向是由高权势者流向低权势者。表现在句法上为“权势匹配原则 1”：

高权势动词的权势流向：NP 高 +VP 高 +NP 低[1]

低权势动词的权势流向：NP 低 +VP 低 +NP 高

“权势匹配原则 1”适用于二价社会空间动词，意为：高权势动词的施事必须是高权势者，受事应为低权势者；反之，低权势动词的施事必须是低权势者，受事应为高权势者，违反了权势流向，则句子不能成立。例如：

（49a）领导命令下属马上出发。

（49b）* 下级命令上级撤退。

（50a）父母要抚养子女。

[1] “NP 低”为“低权势者”，“NP 高”为“高权势者”；“VP 低”指的是“低权势动词”，“VP 高”指的是“高权势动词”。下同。

（50b）* 子女要抚养父母。

（51a）下级服从上级。

（51b）* 上级服从下级。

（52a）子女要赡养父母。

（52b）* 父母要赡养子女。

（50a）中的动词“命令”为高权势动词，其施事“领导”为绝对高权势者，受事“下属”为低权势者，整个句子符合高权势动词代表的事件的权势流向；而（50b）中“命令”的施事为低权势者，施事为高权势者，不符合权势的流向，因此不成立。

社会空间动词如果为一价动词，则只涉及一个参与者，这时需遵守“权势匹配原则 2”：

高权势动词的权势流向：NP 高 +VP 高

低权势动词的权势流向：NP 低 +VP 低

例如：

（53a）领导干部要带头下乡。

（53b）* 村民要带头下乡。

（54a）村民们到政府门口上访。

（54b）* 国家领导人到政府门口上访。

（53a）中的“下乡”为高权势动词，施事需为高权势者，因此成立，（53b）的施事为低权势者，不符合权势流向，因此不成立；（54a）中的“上访”为低权势动词，施事应为低权势者，而（54b）中的施事为高权势者，违反了权势流向，故不成立。

如果社会空间动词为三价动词，动作涉及施事、与事、受事。如果只是施事和与事之间具有权势上的差异，则参照“权势匹配原则 1”，如果受事具有权势特征的名词，则需要遵守“权势匹配原则 3”：

高权势动词的权势流向：NP 高 +VP 高 +NP 低（与事）+NP 高（受事）

低权势动词的权势流向：NP 低 +VP 低 +NP 高（与事）+NP 低（受事）

例如：

（55a）上级机关下发给下级机关一份通知。

（55b）*上级机关下发给下级机关一份申请。

（56a）他向领导上交了一份辞职申请。

（56b）*他向领导上交了一份通知。

“下发”是高权势动词，（55a）和（55b）中的施事都为高权势者“上级机关”，与事都为低权势者“下级机关”，但（55a）中的受事“通知”具有高权势特征，符合权势匹配原则 3，而（55b）中的受事“申请”则具有低权势特征，不符合权势匹配原则了，故不成立。

2.6.2　权势匹配原则对“VP+NP”和“NP+VP”的解读

“VP+NP”结构中，如果二者都为双音节，有时可理解为述宾关系，有时可理解为偏正关系。例如：

孝顺孩子　孝顺母亲

“孝顺孩子”中的 NP 与 VP 是修饰语被修饰关系，“孝顺母亲”则为述宾关系。

“NP+VP”结构有时可理解为主谓关系，有时可理解为偏正关系。例如：

总理管理　员工管理

“总理管理”我们可以理解为主谓关系“总理管理某事务”，但“员工管理”我们只能理解为偏正关系“（对）员工的管理”。

张国宪（1997）在考察“V 双 +N 双”从支配关系向修饰限制关系游移的理解因素时发现，“低向动词[1]与名词短语组合时，控制度等级序列从低到高的信息流与结构类型从动宾到偏正的认识流向相吻合，即与低控制度名词组合激活动宾关系，与高控制度名词组合激活偏正关系”，例如：

V 低向（高权势动词）+N 低控制度：指导学生分管教师领导群众

V 低向（高权势动词）+N 高控制度：指导教师分管院长领导干部

高向动词与名词组合认知过程正好与上述情况相反，例如：

V 高向（低权势动词）+N 低控制度：陪同人员选举工人推荐群众

V 高向（低权势动词）+N 高控制度：陪同贵宾选举领导推荐干部

笔者认为，用“权势匹配原则”可解释上述问题：

---

[1] 即我们说的“高权势动词”。

规则一：如果NP和VP都具有权势特征，若“NP+VP”符合权势匹配原则，二者为主谓关系，不符合则为偏正关系，即“NP高+VP高”和“NP低+VP低”为主谓关系；“NP高+VP低”和“NP低+VP高”为偏正关系。例如：

后代崇拜（祖先） 老师教育（学生）——主谓

祖先崇拜 学生教育——偏正

规则二：如果NP和VP都具有权势特征，若“VP+NP”符合权势匹配原则，二者为述宾关系，不符合则为偏正关系，即“VP高+NP低”和“VP低+NP高”为述宾关系；“VP高+NP高”和“VP低+NP低”为偏正关系。例如：

管理员工 辅导学生 领导人民——述宾

管理委员会 辅导教师 领导机构——偏正

另外，“VP+NP”究竟解读为述宾还是偏正除遵循权势匹配原则外，还与NP的指称特征有关。

规则三：“VP+NP”结构中，NP越倾向于定指，越倾向于解读为述宾关系，NP越倾向于无指，整个结构越倾向于解读为偏正关系。例如：

管理员 > 管理公司、管理教师 > 管理这些教师

辅助者 > 辅助教师 > 辅助张老师

上述短语从左到右是一个从偏正理解为述宾逐步增强的过程，如“管理员”与“辅助者”都是偏正关系，但“管理公司、管理教师”与“辅助教师”则有歧义，既可以理解为偏正关系，也可以理解为述宾关系。而“管理这些教师”和“辅助张老师”则为述宾关系。造成不同解读与NP的有指性强弱相关，“员、者”等几乎虚化为词缀，有指性最弱；“这些教师、张老师”都具有定指性，有指性最强。“公司、教师”则处于二者之间，因此可有两种解读。

2.7 小结

社会空间动词动作方向为复合方向，既包含社会空间的方向，也包括物理空间的方向。根据是否有动作参与者发生了位移，我们把社会空间动词分为：高权势“位移”动词、高权势非位移动词、低权势“位移”动词、低权势非位移动词。

社会空间动词在语义类型上和构词类型上都有不对称性。表现在构词上，

高权势动词常内含“下向、前向、‘去除’类”等方向性构词成分，以及“强制、评判、斥责、帮扶、教养、用、宠”等构词成分。低权势动词常内含“上向、逆向、顺向、朝向目标方向”等方向性构词成分，以及“表敬、祈求、报告、控辩、效法、学习、遭受”义构词成分。

权势关系动词涉及的参与者有权势上的差异，常由专有名词、“领导”类名词、“命令”类抽象名词、“法律”类抽象名词、职务名词、亲属名词等充当，这些名词常内含权势特征。另外，“集体”与“个体”比较，“集体”具有高权势特征，“个体”具有相对低权势特征。“社会评价”也会对权势高低造成影响，其中社会评价为正向的名词一般为高权势名词，为负向的名词一般为低权势名词。高权势名词有赋予非社会空间动词临时高权势的色彩。

权势关系动词及其相关的动作参与者须遵循权势匹配原则：高权势动词的施事必须为高权势者，受事为低权势者；低权势动词与之相反。如果社会空间动词为一价动词，高权势动词的施事必须为高权势者；低权势动词相反。如果社会空间动词为三价动词，受事若有权势色彩，则高权势动词的施事为高权势者，与事为低权势者，受事一般为高权势色彩名词；低权势动词相反。如果违反权势匹配原则，则会影响句子合格度。

第3章　高权势“位移”动词

高权势“位移”动词凸显动作参与者的位移。高权势“位移”动词代表的位移事件有的包含物理空间的位移，如“赏赐”“派遣”等；有的包含虚拟位移，如“宣布”“开除”等，二者共同的特点是都包含社会空间的“下向”位移。

高权势“位移”动词主要包括：高权势“下向”位移动词、高权势“施与”类动词、高权势“获取”类动词、高权势“派出”类动词、高权势“去除”类动词、高权势“朝向目标”位移动词、高权势“上向”位移动词。

动词位移的方向性特征主要通过趋向动词和表示方向的介词凸显（邱广君，1999；张国宪，2000；石毓智，2004；王媛，2007），不过动词的权势特征和语义特征对趋向动词和介词的选择有制约作用。

3.1　趋向动词对高权势“位移”动词位移的凸显

趋向动词是最典型的具有方向性的动作动词，因此动词的方向可以通过动词后的趋向动词显化（王媛，2007）。社会空间位移动词凸显社会空间的位移，高权势动词都具有“下向”特征，因此与“下向”的趋向动词“下、下来、下去”是最和谐的组配。马庆株（1997）指出，“对下类动词”（即“高权势社会空间动词”）中，表示空间趋向的都可以在后面加上“下来、下去”，而不能加“上来、上去”。不过社会空间位移动词与趋向动词的共现并非整齐划一，具体情况取决于动词的语义特征。

3.1.1　高权势“下向”位移动词与趋向动词的匹配

“下向”位移是从高处到低处的位移。高权势“下向”位移动词主要有使役移动下向动词，如“撸②、下狱、镇压、下 2 ③[1]、下达、颁布、颁发、布

[1] 参照惯例，数字“1、2”指同音词中的某个词，“①、②”指一个词中的某个义项。

告、查问、传达、传令、发布、发话①、交代②、口传、口授①、宣布、宣传、通知、吩咐”等，以及自移动类下向动词，如“下台、下野、下乡”等。

“下向”位移动词与趋向动词“下来、下去”二者的方向是一致的，是无标记组配，高权势下向使役移动类动词一般都可以与“下来、下去”连用，“下来、下去”明确了这类动词的社会方向性特征。例如：

（1）公司连出两起大事，上头查问下来，怎么交代嘛。

（2）第二天，皇帝的布告发布下来了。

（3）少佐将命令迅速发布下去。

“发话”情况略微有些特殊，“发话”是离合词，因此与“下来、下去”连用时常常需要变化形式，例如：

（4）总经理发下话来：先把水解决了再说！

“下向使役动词”中有相当一部分是凸显信息从高到低移位的言语行为动词，以“发布”为例，“发布”的施事多为具有权势特征的机构名词，而发布的消息多为“命令、决定、方案、公告”等，例如：

（5）内阁发布了森林管理法令。

（6）公安部日前已向全国发布通缉令。

（5）中位移体为“法令”，位移起点为“内阁”，拥有绝对的高权势特征，位移终点在句中没有明确显现，而（6）中则明确了位移起点和位移终点“公安部”和“全国”。施事、动词和受事的联合作用可凸显高权势特征。

王媛（2007）把言语行为动词的方向归入“虚拟外向”，考虑的是声音从身体内部向外部发出。对动词方向性的认知具有主观性，如果说话人关注权势特征，则上述言语行为动词被定位为“高权势下向”动词；如果把说话人看作一个容器，则言语行为动词被定位为“外向”动词。不同的定位选取的趋向动词不同，定位为“高权势下向动词”选取“下来、下去”凸显社会空间的位移；定位为“外向”则选取趋向动词“出来、出去”凸显容器内外的位移。趋向动词对其前动词的解读也有影响，“下来、下去”凸显权势特征，若不凸显权势特征，不能与“下来、下去”连用，例如：

（7a）周秦诸子，各人把各人的学说发布出来。

（7b）*周秦诸子，各人把各人的学说发布下来。

（8a）车身广告的发布者要时常关心和检查发布出去的广告是否有破损。

（8b）* 车身广告的发布者要时常关心和检查发布下去的广告是否有破损。

既能够与“下来、下去”连用，又能与“出来、出去”连用的使役类下向动词只有“发布、宣布、宣传、口授”等。

使役移动下向动词中的“下 2 ③”和高权势下向动词中的自移动动词“下台、下野、下乡”等本身包含了位移信息，不需要“下来、下去”明确其方向，因此不能与趋向动词连用。从这一点来看，汉语的运动事件类型既有卫星框架型语言特征，又有动词框架型语言特征。例如：

（9）* 下命令下去 / 来。

（10）* 领导下乡下去了。

3.1.2　高权势“施与”类动词与趋向动词的匹配

高权势“施与”类动词主要有“颁奖、颁发、拨发、拨款、发放①、发还、分发、奖励、奖赏、签发、赏、赏赐、授奖、追授、传授、赐教、赐、赐予、恩赐、恩典、放权、分配①、封、封赏、加封、嘉奖、交办、授权、授命②、授衔、授勋、授意、授予、发文”等。施与动词的动作参与者有三个：施与者、施与对象和施与物，它们分别对应语义结构中的“施事”“与事”和“受事”。社会空间高权势“施与”动词指的是受事由高权势者向低权势者转移的方向，受事为位移体，高权势者为位移起点，低权势者为位移终点，并且一般伴随着受事的所有权发生转移。

高权势“施与”类动词位移动词的方向特征可由后加趋向动词凸显，但并非所有的高权势“施与”类动词位移动词都可以与“下来、下去”连用。能连用的只占这类动词的 1/3，如“颁奖、颁发、拨发、拨款、发放①、发还、赏赐、传授、放权、分配①、交办、发文”等。例如：

（11）救济款已经发放下来了。

（12）上头拨下款来给村里修公路。

“奖励、奖赏、签发、授奖”等动词都不能与“下来、下去”连用[1]。例如：

[1] 北京大学中国语言学研究中心语料库、北京语言大学 BCC 语料库都无用例。

（13）？学校奖励下来一辆自行车。

（14）？海关给我们签发下来一张通行证。

笔者认为，“位移”也是一个连续统，社会空间位移中有典型位移如“颁发”等，有非典型位移如“奖励”等，非典型位移动词一般不凸显位移，不与趋向动词连用。

3.1.3 高权势“获取”类动词与趋向动词的匹配

“施与”与“取得”反映了人类动作行为中两类相对的行为，是一枚硬币的两面，以施与者的视角观察，得到一个“施与”事件；以“获取”者的视角观察，得到一个“获取”事件。

高权势“获取”类动词位移是以高权势者为参照点，位移体由低权势者向高权势者位移，并发生所属权转移的过程。这类动词主要有“查获、查截、缉获、检获、缴、缴获、缴械①、截获、聚敛、拿获、侵夺、收缴、搜获、榨取、征购、征缴、征用、追缴、追赃、霸占、采纳、纳谏、纳降”等。

高权势“位移”动词与“下来、下去”是无标记的匹配，但高权势“获取”类动词与“下来、下去”组配的能力却有限，反而有相当一部分能与“上来”来用。如表 3-1 所示。例如：

（15）养老保险基金每年都能够足额征收上来。

（16）班主任从王林书包里缴上来一条玩具蛇。

（17）干部把各村保存的年画板全部收缴上来，统统劈成小木条。

表3-1 高权势“获取”类动词与趋向动词的匹配

高权势“获取”类动词	上来	上去	下来	下去（非持续义❶）
扣留	-	-	+	-
剥夺	-	-	-	-
搜刮	-	-	-	-

❶ 例如：“不要再贪污下去了。”此句中的“下去”并非凸显位移体位移的方向，而是时体范畴中的持续体标记。

续表

高权势“获取”类动词	上来	上去	下来	下去（非持续义）
征收	+	−	−	−
缴①	+	−	+	−
收缴	+	−	−	−
追缴	+	−	−	−
征缴	+	−	−	−
没收	+	−	−	−
查获	−	−	−	−
缴获	−	−	−	−
缉获	−	−	−	−
查缴	−	−	−	−
罚	−	−	−	−
罚款	−	−	−	−
罚没	−	−	−	−
贪污	−	−	−	−

高权势“获取”类动词是以高权势者，即获取者的视角对事件进行观察的，高权势者处于上方的位置，位移体发生了自下而上的位移，从高权势者的角度看，物体位移的方向是“上向”的，因此能与表示“上向”的趋向动词连用。此外，能与高权势“获取”动词连用的都是“上来”而非“上去”，这也证明了这类动词采取的是高权势获取者的视角。另外，“扣留、缴①”能与“下来”连用，但此处的“下来”并非表示位移体的空间位移方向，“扣留下来”表示“控制”义；“缴下来”表示的物理空间的位移，例如：

（18a）楚怀王当年到秦国以后被秦国扣留下来，死在秦国。

（19a）战士走过去，把俘虏的枪缴了下来。

（18a）中的“下来”可用“控制”替换，而（19a）中则可添加“从身上”标明位移的起点，例如：

（18b）楚怀王当年到秦国以后被秦国扣留并控制，死在秦国。

（19b）战士走过去，把俘虏的枪从他身上缴了下来。

3.1.4 高权势"去除"类动词与趋向动词的匹配

高权势"去除"类动词的参与者有两个，施事一般具有较高的权势，这类动词表示施事用强力把受事从一个整体中去除。

高权势"去除"类动词一般凸显起点而不凸显终点，可分两类：

A：裁、裁撤、裁减、裁汰、裁员、炒（鱿鱼）、除名、黜免、黜退、辞退、解雇、开除、遣散、遣送、释放、罢黜

B：撤①、撤免、撤职、罢免、罢职、革职、解职、免职、剥夺、剥削、撤销；豁免、减负、减免、减刑、蠲除、蠲免、免罪、赦免、特赦、革除

A类动词表示的事件常常是消极事件，位移体为低权势者，位移的动力源为高权势者，并且高权势者为整体中的一员。例如：

（20a）警察局长开除了15名不称职的警察。

（20b）公安局开除了15名不称职的警察。

"警察局长"和"警察"都是"公安局"这一整体中的成员，"开除"事件是把"警察"从这一整体中去除。

B类动词表示的事件中既有积极事件，也有消极事件，位移体为低权势者身上的职务、所有物或所负担的义务等，位移的动力源为高权势者，高权势者并非整体中的一员，高权势者使用强力把低权势者身上的某一职务或义务从低权势者身上剥离。例如：

（21）学校对特困生、烈士子女、孤儿等减免25%～100%的学费。

"减免"事件中，发生位移的是部分"学费"，位移的起点是位移体位移前所在的整体——全部"学费"，高权势者"学校"并非位移物所在的整体"学费"中的成员。

"去除"类动词一般不与"下来、下去"组配，A类动词方向的凸显一般借助趋向动词"出、出去"或后加结果补语"掉"。例如：

（22a）会上大家一致要求把黄培州开除出去。

（23）经理应该把这个人开除掉！

（24）没有人希望裁掉自己的员工。

这类动词采用的是高权势者的视角，因此被去除的低权势者的位移方向是远离观察者的，只能用"出去"，而不能用"出来"。

（22b）*会上大家一致要求把黄培州开除出来。

趋向动词“出”标引位移的源点，例如：

（25）他们之中有的人被开除出党。

（26）最终他被无罪释放出狱。

B类动词位移特征不太明显，不能与“出、出去”等趋向动词连用凸显位移方向，而常采用结果补语“掉”显化其去除义。例如：

（27）吴校长说下学期把黄家德的学杂费减免掉。

（28）王洪建被大队长撤掉小队长的职以后，当了个挂名副官。

“去除”类移位动词采用的是“整体—部分”图示，位移体低权势者原属于整体的一部分，被动力源高权势者用强力分离出去，因此，这类动词有较强的强制性，这种强制性常通过前加表示强制性状的状语加强。例如：

（29）老板不会批评你，但他会直接开除你。

（30）学校强行开除了带手机进教室的学生。

（31）徐敏坚决辞退掉了不合格的治安员。

B类动词的低权势者可以以与事身份出现在句中，也可以以定语的形式出现在位移体中。例如：

（32）工会决定罢免陈秀丽工会主席一职。

（33）学校减免了家庭困难学生的学杂费。

B动词又分两类，B1类常为消极意义动词，B2类是积极意义动词。B1类与A类类似，有强制色彩，可前加“坚决、强行”等副词凸显，并且更多地用于“被”字句，或前加“遭到”等凸显消极意义。例如：

（34）学校强行剥夺了一部分计划内学生的就学权利。

（35）乡教委副主任在裁减民办教师中舞弊，被就地免职。

（36）有些发了牢骚的人还发现自己遭到了解雇。

B2类动词一般不凸显强制性，有时还用一些具有缓和色彩的副词使处理手段具有弹性。例如：

（37）*学校强行减免了家庭困难学生的学杂费。

（38）学校适当减免了家庭困难学生的学杂费。

大部分B2类动词前可以用“对”标明动作针对的对象，这一点又有点像管理类动词，但管理类动词一般不能后加“掉”表示去除的方向性。例如：

（39）监狱准备对林山再次减刑。

（40）* 警方就对这批来自日本的赃物依法没收掉。

3.1.5 高权势“朝向目标”类动词与趋向动词的组配

高权势“朝向目标”类动词主要有“传见、传唤、传⑥、约见、召见、召会、召、宣召、宣”等。这类动词表示“使……来见”，使动者为高权势者，发生位移的人为低权势者。

“传唤、传⑥”等动作涉及高权势者多为机构名词“法院、公安局、警方”等，还可以是这类机构中的人；低权势者只能为指人名词或指人的专有名词，不能为机构名词；“约见、召见”等涉及的动作双方都具有一定的社会身份或地位。例如：

（41）庭长宣布传被告人到庭。

（42）各地警方共传唤 77 名犯罪情节严重的流氓分子到案。

（43a）外交部副部长紧急约见日本驻华大使。

（43b）? 外交部副部长约见了机关大院的清洁工。

高权势“朝向目标”类动词的位移特征不明显，“约见、召见”动词都包含“使来见”义，位移性特征蕴含于词义内，句法上没有相应的手段表现出来。“传唤、传”等的位移特征可用主观位移标记趋向动词“来、去”凸显其位移特征，一般不用“上来、上去、下来、下去”等复合趋向动词。例如：

（44a）法院把祁家老二传来了。

（44b）* 法院把祁家老二传唤上来 / 下来了。

（45a）公职人员可以被传唤去说明他的钱财的来源。

（45b）* 公职人员可以被传唤上去 / 下去说明他的钱财的来源。

3.1.6 高权势“派出”类动词与趋向动词的匹配

高权势“派出”类动词的施事为高权势者，位移体为低权势者，在施事的要求下，朝远离施事的方向运动。这类动词有分配②、分派、遣、派遣、委派、选派、流放 1。

这类动词涉及的权势关系比较复杂，有时位移的终点与动力源（施事）之间也会有权势上的差异，如果位移终点在权势上低于施事，则可用“下来、下去”来凸显这种社会空间“下向”的特征。例如：

（46）他被分配下去做了甲队的伍长。

（47）通政司三个衙门委派官员下去查访。

（48）大量文官被分批派遣下去接手地方治安。

（49）上面又给我们派一个新书记下来。

如果位移终点和动力源之间没有权势上的差异，则不能用“下来、下去”，这时则把位移源点看作一个容器，位移体在动力源的作用下从容器中到容器外，用“出去、出来”凸显这种运动模式，例如：

（50）团长基本把手上的兵力都派出去了。

（51）翰德森和鲁道夫两人选派出来的人已经踏上了归国的旅程。

（52）朱异派遣一千多人出去与侯景的军队作战。

3.1.7　高权势“上向”类动词与趋向动词的匹配

高权势“上向”类动词主要有“提拔、选拔、提携、提职、擢升、擢用、拔擢、提干”等。

这类动词的方向特征比较特殊，位移体为受事，位移的起点为低权势者位移前所处的职位或社会地位，位移的终点为位移体位移之后所处的职位或社会地位，位移终点位于比起点高的位置，位移体的运动表现出“上向”的特征。但这类动词凸显的权势关系并非位移起点和位移终点的权势差异，而是动力源和位移体的权势差异，动力源即施事一般在权势上高于位移体受事，位移体在施事的作用下，发生向上的位移，但从施动和受动的关系看，这类动词表示的动作，仍然具有“下向”的特征，即为高权势者对低权势者的动作。例如：

（53）卫生局从医院内提拔上来一位新院长。

（54）总经理提携了几个年轻人。

这类动词多凸显位移终点，（53）中位移体位移的终点为“院长”，位移体起点为医院内部职工，但句中并未明确显示“新院长”在发生社会地位上向位移前的起点，只是大致标明范围“医院内”。位移的施动者，即动力源“卫生局”是医院的上级单位，拥有对医院的管辖权，因此权势高于医院院长。“新院长”是在“卫生局”的作用下才实现上向位移的，但即使位移后仍属于“卫生局”管辖，因此处于较低社会地位。

与多数社会空间位移动词不同,“提拔”等高权势“上向”动词不能与“下来、下去”连用，而能与“上来、上去”连用。例如：

（55a）宝元是尚书大人一路提拔上来的。

（55b）*宝元是尚书大人一路提拔下来的。

（56a）等到芮羽的地位站稳后，她就把晓音也提携上来。

（56b）*等到芮羽的地位站稳后，她就把晓音也提携下来。

（57a）把政治坚定、实绩突出、作风过硬的干部选拔上来。

（57b）*把政治坚定、实绩突出、作风过硬的干部选拔下来。

与“提拔”等上向位移动词共现的趋向动词“上来、上去”凸显的位移是位移体从较低位置到较高位置的位移，而不凸显动力源高权势者与位移体的权势差异。

位移体位移前常处于某一个集体或一类事物的集合中，因此，“高权势上向”动词表示的事件有时也被编码为容器图示，可用“出来”凸显。例如：

（58）这50名师傅是从几十家分店的800多名师傅中选拔出来的。

（59）他被雷损在众多雷姓子弟里一手提拔出来……

凸显容器模式的以“选拔”最为突出,“选拔”与“出来”连用的频率也最高，其他如“擢升、擢用”等则无用例。

3.1.8 高权势“位移”动词与趋向动词的匹配差异

高权势“位移”动词与趋向动词的组配受到语义特征的制约，下向自移动动词、朝向目标动词，一般内涵方向性，不与趋向动词共现；下向使役动词和“派出”类动词与趋向动词组合能力较强，主要与“下来、下去”和“出来、出去”共现，不过下向使役移位动词与“出来、出去”连用不凸显权势特征；“施与”类动词大部分能和“下来、下去”共现；“获取”类动词只能与“上来、下来”共现，而不能与“上去、下去”共现，这与事件观察者采用的视角有关；“上向”位移动词能与“上来、上去”和“出来”连用，而不能与“下来、下去”连用。如表3-2所示：

表3-2　高权势“位移”动词与趋向动词的匹配

高权势“位移”动词		趋向动词					
		上来	上去	下来	下去	出来	出去
“下向”位移动词	自移动	-	-	-	-	-	-
	使役移动	-	-	++	++	+	+
“施与”类动词		-	-	+	+	-	-
“获取”类动词		++	-	+	-	-	-
“去除”类动词		-	-	-	-	-	+
朝向目标动词		-	-	-	-	-	-
“派出”类动词		-	-	+	+	+	+
上向位移动词		+	+	-	-	+	-

3.2　介词对高权势“位移”动词位移的凸显

介词“从、到”有标记位移的起点与终点的作用，“向”“跟”“给”和“对”标记动作的对象或方向，它们对权势关系的凸显作用不同。其中，“从、到、跟、给”既可与高权势动词共现介引高权势者，也可与低权势动词共现介引低权势者。而“对”和“向”则对权势关系较为敏感，其中“对”倾向于介引低权势者，“向”倾向于介引高权势者。

3.2.1　“从”和“到”对高权势动词位移的凸显

3.2.1.1　高权势“下向”自移动动词

高权势自移动动词位移的主体由较高的社会地位向较低的社会地位位移，这类移动事件只发生在社会空间领域。“高、低/上、下”的确定为位移起点和位移终点的社会地位差异，一般位移起点为权势较高的社会地位，用“从”来标引；终点为权势较低的社会地位，用“到”来标引。例如：

（60）当年从重庆到酉阳上山下乡的知识青年，在这里点起来返乡扶贫之火。

（60）明确标明了位移起点和位移终点，“从”标引起点“重庆”，“到”标引终点“酉阳”，“重庆”与“酉阳”相比为大城市，因此有较高的影响力，可看作“高权势者”，而“酉阳”则为“低权势者”。

3.2.1.2 高权势“上向”动词

“提拔”等高权势“上向”动词的施事为高权势者，受事为低权势者，同时受事是位移体，位移体作上向的位移，位移起点的社会地位高于位移终点的社会地位，由“从”来标引，位移终点由“到”标引。

（61）组织上把他从部门内提拔到上一级领导岗位。

（61）中“他”位移起点是社会地位较低的“部门内部”，用“从”标引；位移终点是社会地位较高的“领导岗位”，用“到”标引。

有时标示起点的“从”还可与“上来、上去、出来”等趋向动词共现。例如：

（62）军官都是从飞骑军和彪骑军中选拔上来的。

3.2.2 “对”“向”对高权势动词位移的凸显

社会空间位移动词的社会空间方向，还可通过“向”或“对”等介词对动作对象精准定位来凸显。“向”一般介引高权势者，“对”一般介引低权势者。例如：

（63a）他向党组织递交了入党申请书。

（63b）*他对党组织递交了入党申请书。

（64a）学校对成绩优秀的学生进行了奖励。

（64b）*学校向成绩优秀的学生进行了奖励。

何薇（2006）认为，“向”引入的指人名词一般在地位上高于动作的施事。但我们发现,“向”和“对”在引入低权势者方面差异并不显著，高权势“获取类”动词能用“向”引入低权势者的占24%，能用“对”引入的占29%，“对”占微弱优势。例如：

（65a）管理人员对他进行了罚款。

（65b）*管理人员向他进行了罚款。

（66a）依照《刑法》第53条第1款的规定，对他应剥夺政治权利终身。

（66b）*依照《刑法》第53条第1款的规定，向他应剥夺政治权利终身。

（67）政府开始向/对百姓征收税款。

高权势“施与”类动词能用“向”引入低权势者的占58%，能用“对”引入的占47%[1]，例如：

（68）上级机关向/对下属单位下达了命令。

（69a）公司连续五年向股东分配利润。

（69b）*公司连续五年对股东分配利润。

（70a）学校对他进行了奖励/赏。

（70b）*学校向他进行了奖励/赏。

“对”和“向”在引入低权势者这一点上分工不明显的原因既与句中动词语义特征有关，也与句子的语用环境有关。

3.2.3 动词的强制性对介词选用的限制

“强制”性指的是“用政治或经济手段强迫”，动作的“强制性”越强，施事对受事的影响越强，受事对施事拒绝的可能性越小。强制性特征是高权势动词无标记特征之一。

“向”和“对”在高权势动词句中使用的频率相当，与礼貌原则有关。顾曰国（1990）根据Leech的礼貌原则提出了汉文化的礼貌特征：尊敬他人、谦虚、态度热情、温文尔雅。汉文化“贬己、尊人”的特点较为突出，高权势动词句中用“向”引入低权势者，有抬高对方地位的作用，凸显高权势者对低权势者的尊重。

高权势“位移”动词表示的事件，既有凸显对低权势者尊重的具有礼貌特征的事件，又有凸显强制特征的事件。一般来说，越凸显礼貌特征，越倾向于用“向”介引低权势者；越凸显“强制”特征，越倾向于用“对”介引低权势者。例如：

（71a）伍封回去后又对鲍兴大加赏赐。

（71b）*伍封回去后又向鲍兴大加赏赐。

（72a）警察局强行对犯罪嫌疑人的涉案物品进行了扣留。

（72b）*警察局强行向犯罪嫌疑人进行了涉案物品的扣留。

（71a）也是一个高权势施与事件，“赏赐”具有一定的强制性，不具礼貌

[1] 详见张欣（2016）。

特征，因此适于用“对”介引低权势者，而不适于用“向”介引，如（71b）。（72a）中的“扣留”强制特征更为明显，并且句中还出现了表示强制特征的修饰语“强行”，因此不能用“向”替换。

高权势“施与”动词中既有凸显礼貌特征的词语，如“授予、颁授、颁发”等，也有带有强制性、不凸显礼貌的词语，如“赐、赐予、奖、赏、奖赏、犒赏、封、封赏”等。高权势“获取”类位移动词带有“强制”义，如“剥夺、扣留、搜刮、查抄、没收、缴②、缴获、罚款、检获、搜剿、罚没、罚”等，也有“强制”特征不明显的“征收、征购、征用”等。带有“强制”义特征的动词很难用“向”介引低权势者。

具有“强制”特征的动词都可以受“强行”等修饰语的修饰，例如：

（73）公安机关强行扣留了他的涉案物品。

（74）老师强行没收了他的手机。

3.2.4 其他凸显权势关系的介词

引入与事的介词对权势比较敏感，除“向”和“对”外，“为”和“给”也有微弱的引入高权势者的倾向。“给”与“向”类似，一般能与“向”组合的高权势“施与”类动词也能与“给”组合。“给”一般介引受益者，因此，对“强制、非礼貌”的动词也有排斥倾向。例如：

（75a）校长向获奖同学颁发了奖状。

（75b）校长给获奖同学颁发了奖状。

（76a）乾隆皇帝赏赐了林太医一杯酒。

（76b）*乾隆皇帝向/给林太医赏赐了一杯酒。

在凸显礼貌特征这一点上，“为”与“向”相似，只是结合面比“向”更窄，只能与“颁发、颁授、发还、拨发”等高权势“施与”类动词连用。例如：

（77）校长为获奖同学颁发证书。

（78）民警正在为群众发还钱物。

“给”相对于“向”和“为”更倾向于用于非正式语体中；“向”使用的范围比“给”和“为”更广，除了可用于施与事件，还可用于获取事件、使役类下向位移等其他类型事件中。

3.3 高权势“位移”动词对特殊句式的选择

3.3.1 进入“把”字句和“被”字句的能力

社会空间位移动词凸显位移，一般动作性都比较强，进入“把”字句和“被”字句的能力都比较强。

典型的“把”字句表现的是一个物体在外力作用下从甲点位移至乙点的过程，其凸显的焦点是物体（“把”后名词）位移的终点（方向）（张旺熹，2001）。典型的“被”字句叙述事物“受到”（遭受/承受）某种动作及其结果（范晓，2006）。

高权势“下向”自移动动词只涉及一个动作参与者，如“下台、下野、下乡”等，自移动动词凸显的是位移体在自身力的作用下发生位移，不涉及他物，因此不能进入“把”字句，同样不能进入“被”字句。

除“下向自移动”动词外，大部分高权势“位移”动词都能进入“被”字句，而“把”字句与高权势“位移”动词结合的能力稍差，如“朝向目标移位”动词都可用于“被”字句，只有“传、传唤”可用于“把”字句，“约见、召见”等动作性较弱的“朝向目标移位”动词则不能进入“把”字句。例如：

（79a）派出所把最后接触柯某的叶某传唤去了。

（79b）最后接触柯某的叶某被派出所传唤去了。

（80a）知县把吕闰的左邻右舍传来问话。

（80b）吕闰的左邻右舍被知县传来问话。

（81a）9月13日，迈尔斯上将被三军委员会约见。

（81b）*三军委员会把迈尔斯上将约见了。

（82a）成夫人突然被贤妃娘娘单独召见，有些忐忑不安。

（82b）*贤妃娘娘突然把成夫人单独召见。

3.3.2 进入兼语句的能力

大部分高权势“派出”类动词能够进入兼语句，部分“下向役使位移”动词如“吩咐、通知”等也能进入兼语句[1]。例如：

---

[1] 详见4.3。

（83）厂里分配他当车间主任。

（84）他派遣了一队士兵前去侦察情况。

（85）上级通知我们赶快撤离。

（86）母亲吩咐我收拾残局。

3.3.3 高权势“位移”动词与形式动词的共现

形式动词具有较强的正式语体色彩，凸显权威（李桂梅,2012），其动词常有较强的动作性（沈家煊，张姜和,2013），高权势“位移”动词大多可与形式动词连用。

不能与形式动词共现的高权势“位移”动词主要有“高权势下向自移动”动词、口语色彩较浓的词语（如“吩咐、口传、发话、口授”等）、单音节词。例如：

（87）* 他进行 / 予以了下台。

（88）* 老板对他进行 / 予以吩咐。

（89）* 学校对他进行 / 予以了奖。

高权势施与类动词一般可与形式动词连用，但其中的述宾结构动词如“授意、授衔、授勋、授予、授奖、发文、赐教、赐予、追授”等整合进了受事，动作性较弱，一般不能与形式动词连用。例如：

（90）* 老板对他进行 / 予以授意。

形式动词大致可分为“进行”类和“予以”类。“进行”类只包括“进行”，凸显动作的持续；“予以”类主要有“予以、加以、给予”等，凸显施事对动作对象的“施加”或“授予”义（周刚，1987；胡裕树、范晓，1995）。形式动词语义虚化，但形式动词的本义对其使用有限制作用，如“进行”从空间的行进义隐喻为时间的行进，因此要求其动词宾语具有“持续”义；“加以”从空间的堆叠，到“施加”，要求其宾语具有“变化性”（刘红妮,2011；魏阳阳,2014），即动词的动作性要强。此外,“给予”“予以”都有“给”义，不过“给予”更倾向于后加对动作对象具有积极意义的动词。例如：

（91a）上级领导……对这个单位的负责人予以批评。

（91b）* 上级领导……对这个单位的负责人给予批评。

（92a）上海警方对盗窃分子频出重拳予以打击。

（92b）*上海警方对盗窃分子频出重拳给予打击。

高权势“获取”类动词中凸显“获取”的动词，如“缴获、拿获、搜获、检获、查获、缉获、追赃、霸占、纳谏、纳降、听取”等动词一般不能与形式动词连用。这类动词不凸显过程性，不能与“进行”连用；“加以”与“施加”、“给”义也不相容。“征购、征缴、收缴、追缴”等则可与形式动词“进行、予以”连用，“采纳”能与“加以、予以”连用，而不能与“进行”“给予”连用。例如：

（93）*企业必须对税款进行 / 予以 / 给予 / 加以缴纳。

（94）上级行政机关或者有关部门对使用的非法单据进行 / 予以收缴。

（95）这三条建议立即引起了与会专家的关注并予以采纳。

“去除”类位移动词与形式动词连用的现象非常突出，多数可以作形式动词“进行、予以”的宾语，而不能与“给予、加以”连用。例如：

（96a）他们已对下岗职工的医疗费用进行减免。

（96b）*他们已对下岗职工的医疗费用给予 / 加以减免。

（97a）经研究决定，公司对王某等予以开除。

（97b）*经研究决定，公司对王某等给予 / 加以 / 进行开除。

相对来说，“予以”与“去除”类动词搭配的适用范围更广一些。“进行”一般要求后续动词是可持续的，不凸显过程性的动词很难出现在“进行”后；“予以”施动性较强，凸显结果，一般不及物动词很难出现在“予以”后。另外，“给予”和“加以”的使动作对象“获益”的倾向也与大部分“去除”义动词不相符，一般不与“去除”义动词连用。如表 3-3 所示：

表3-3 高权势“去除”类动词与形式动词共现[1]

高权势“去除”类动词	进行	予以	加以	给予
开除	−	+	−	−

[1] “？ +”表示语料库中有少量用例，但语感上句子不成立。“？ −”表示语料库中有无用例，但语感上句子能成立。

续表

高权势“去除”类动词	进行	予以	加以	给予
罢黜	−	+	−	−
罢免	? −4	+	−	−
裁撤	+	+	−	−
裁减	+	+	−	−
裁汰	+	? −	−	−
裁员	+	−	−	−
除名	−	+	−	−
黜退	−	−	−	−
辞退	−	+	−	−
解雇	? +	+	−	−
遣散	? +	+	−	−
遣送	−	+	−	−
释放	−	+	−	−
撤免	−	? −	−	−
撤职	−	+	−	−
罢免	+	+	−	−
罢职	−	−	−	−
革职	−	+	−	−
解职	−	+	−	−
免职	−	+	−	−
剥夺	+	+	−	−
剥削	+	−	−	−
撤销	−	+	−	−
豁免	−	+	−	−
减免	+	+	−	−

续表

高权势“去除”类动词	进行	予以	加以	给予
减负	+	-	-	-
减刑	-	+	-	-
蠲除	-	-	-	-
蠲免	-	-	-	-
免罪	-	-	-	-
赦免	-	+	-	-
特赦	+	+	-	-
革除	-	+	-	-

高权势“上向”动词多可与“进行、予以”等形式动词连用。例如：

（98）对工作成绩突出的干部，组织部门将予以提拔使用。

（99）省公司总经理和副总经理职位，通过公开考试形式进行选拔。

（100）它永远不故意惹是非，所以政府对它也愿时时予以提携援助。

“擢升、擢用、拔擢”等由于古语色彩浓厚，使用频率又不高，因此较难与新产生的形式动词连用。

朝向目标移位动词与形式动词连用的能力较弱，除“传唤”可与“进行”连用外，其他动词不能。[1] 例如：

（101）对举报信上列举出那些向朱某行贿的企业主进行传唤。

（102）*外交部长对驻华日本大使进行约见/召见。

“派出”类动词中多数不能与形式动词搭配，只有“分配”“派遣”等可与“进行”“予以”连用。例如：

（103）领导对每个人的工作进行分配。

（104）对一年内找到工作单位的毕业生主管调配部门应予以派遣。

[1] “传”不能与形式动词连用主要是音节原因。

3.4 小结

位移动词表示的事件为位移事件，社会空间的高权势“位移”动词表示的事件主要凸显社会空间中的位移。

位移体位移的方向一般为由高权势者向低权势者，我们把这种位移标记为“下向”。社会空间位移动词方向的凸显主要有两种方式，一是后加趋向动词；二是用介词标记路径。如表 3-4 所示。

表3-4 高权势位移动词的共现成分

高权势位移动词		介词				趋向动词						形式动词	强制
		从	到	向	对	上来	上去	下来	下去	出来	出去		
“下向”位移动词	自移动（下乡）	+	+	−	−	−	−	−	−	−	−	−	−
	使役移动	+	+	+	+	−	−	++	++	+	+	+	−
“施与”类动词		+	+	+	+	−	−	+	+	−	−	+	−
“获取”类动词		+	+	±	+	++	−	+	−	−	−	+	+
“去除”类动词		+	−	−	+	−	−	−	−	−	+	++	++
朝向目标动词		−	−	−	−	−	−	−	−	−	−	+	±
“派出”类动词		−	+	+	−	−	−	+	+	+	+	+	±
上向位移动词		+	+	−	−	+	+	−	−	+	−	+	−

一般社会空间高权势“位移”动词可与“下来、下去”连用，而下向使役位移动词、“派出”类动词和上向位移动词还可与“出来、出去”连用。比较特殊的是“取得向”动词和“上向位移”动词，“取得向”动词不能与“上去、下去”连用，只能与“上来、下来”连用，这与这类动词常选用的高权势者视角有关；“上向位移”动词只能与“上来、上去”连用，不能与“下来、下去”连用，与观察者选用的位移参照体有关。

社会空间高权势“位移”动词常用“向、对”标记位移的方向或终点，有时也用“从、到”标记。“向”有标记高权势者的倾向，“对”有标记低权势者的倾向，当说话人或高权势施事表现礼貌特征时可选用“向”标记低权势者，但当凸显强制特征时，一般则选用“对”来标记。

高权势“位移”动词多与形式动词连用，尤其是“去除”类动词表现特别突出。在对“进行”和“加以”类的选择上，主要受制于动词本身的语义特征。

此外，高权势“位移”动词中“取得向”和“去除”类表现出明显的强制特征，以及要求受事或与事无条件服从，表现在句法上就是常常在这类动词前加“强行、强制”等修饰语。

第4章　高权势“控制”类动词

高权势“控制”类动词是社会空间非位移动词的一类。

一个社会要生存下去，就必须制约人们的行为，以使他们在大多数时间里遵从社会规范。这种制约是通过社会控制的机制或过程实现的（戴维·波普诺，1987）。

“社会控制”包括广义的社会管理，如“上级 / 长辈”对“下级 / 晚辈”的管理和指令；社会机构中高一级机构对下级机构的管理和指令；从事特定职业的人，尤其是权力机构中的工作人员对管辖范围内人事的管理和指令；教师对学生的教育；对违规人员的惩罚等。据此，笔者把社会空间“控制”类动词分为高权势“使令”类动词、“管理”类动词、“惩罚”类动词；其中，“使令”类动词除了本章要谈的一些外，还包括第 2 章中的“派出”类动词，“派出”类动词更凸显方向性，能用趋向动词和“向”等动词凸显方向，同时进入“把”字句的能力也较强，因此不在本章讨论。“管理”类和“惩罚”类会有过度地带，是一个连续统。

4.1　高权势“控制”类动词的强制性程度差异

高权势“控制”类动词主要包括“使令”类动词、“社会管理”类动词和“惩罚”类动词。这些动词大部分具有一定的强制性，即动作的施事用经济或政治力量强迫对方服从。

要说明特定成分的属性，将它与相接近的其他成分区分开来，仅就该成分本身的性质进行说明往往是不够的，还要从它所在的整体单位的属性功能进行认识。这样可以将具体的语言单位置于一个系统的关系中进行准确理解（朱德熙，1999）。“社会管理”类动词最突出的表现是对共现的选择，如修饰语、主宾语等。

4.1.1 “使令”类动词及其强制性程度

“使令”类高权势动词的特点是高权势者发出某一行为或动作，这种动作具有致使低权势者服从或产生某种结果的作用。传统上这类动词被称为“使令”动词，这类“使令”动词主要包括：

①命令类：号令、勒令、密令、命令、强令、通令、限令①、严令、责成、责令、指令、指示、申令、敕令。

②役使类：征调、役使、支使、使唤、指挥、操纵、操控。

③禁止类：批示、禁止、批准、准予、允准、准许、恩准、俯允。

④教导类：教、辅导、教导、教授①、培养、指导、指点、指引、引导、教育、教化、教诲。

⑤带领类：带动、带领、引领、领导、统率、统领。

⑥叮嘱类：叮嘱、嘱咐、吩咐。

⑦其他类：培植、培育、帮扶、帮教、帮困、扶贫、扶助、庇佑、荫庇、护佑、保佑、扶植、庇护、呵护、资助、任命、任用、委任。

4.1.1.1 “使令”类动词的强制性程度差异

高权势“使令”类动词都具有“致使”义。所谓的“致使”，是指“VP1致使、导致、引发另一类 VP2 或状态出现，成为 VP1 的结果或由 VP1 引出某种状态”。（邢欣，2004）高权势“使令”类动词具有不同程度的强制性。

高权势“使令”类动词中，“命令”类、“役使”类、“准许”类具有较高的强制性，它们相关的“NP 高”以绝对高权势名词“上级”和具有高权力的“政府”等机构名词、职务名词或具有权威性的专有名词等居多；“教育”类、“带领”类强制性较低，“NP 高”以普通专有名词、机构名词居多；而“叮嘱”类及其他类强制性最低，与其相关的“NP 高”以“长辈”类专有名词居多。例如：

（1）国务院批准了这项预算。

（2）父亲总教育他们要节俭自律。

（3）队长最终带领大家走出了沙漠。

（4）奶奶再三叮嘱我路上注意安全。

高权势“使令”类动词的强制性程度序列：

命令类、役使类、准许类 > 教育类、带领类 > 叮嘱类。

4.1.1.2　主语对强制性特征的凸显

动词强制度的差异往往可以从与之共现成分上观察，共现成分的差异，有时也会导致强制性差异。

“准许”类动词具有较高的强制性。“准许”义为“同意人的要求”，如果授权某人做某事，一经准许，被准许人就有了做这件事的资格。“准许”类动词常用于法律文书或公文语体中，它们的主语常常为“政府机关”“法院”等高权势主体，公文和法律文书都有较高的权威性，“准许”类动词在这种语境中吸收了语境赋予的强制色彩，因此强制性更为凸显。例如：

（5）法院宣布准予两人解除婚姻关系。

（6）刑部案件上奏后获乾隆批示。

（7）美国司法部公布，将禁止进口侵犯美国专利权的产品。

“法院”和“美国司法部”都具有绝对的权势，“乾隆”作为专有名词在清代社会语境中具有高权势色彩，因此作出的“禁止”“准予”“批示”等都具有较强的强制性。

同一个词主语不同，表现出的强制程度也有差异。与高权势“使令”类动词相关的“NP高”对“NP低”的控制度越强，高权势使令动词的强制性越强。例如：

（8a）妈妈不准许儿子吸烟，可他就是吸。

（8b）* 法院不准许他们离婚，可他们就是离。

“妈妈”相对于“儿子”“法院”相对于“他们”都具有较高的权势，但不同的是，“法院”具有绝对权势，法院做出的决定具有法律效力，对相关当事人来说是必须服从的，因此“法院”对“他们”的控制度更高，“准许”在（9a）中的强制性更高，后续句违反法院的决定就不能成立，而（9b）则能成立。

4.1.1.3　修饰语对“使令”类动词强制度的凸显

动词修饰语的主要功能是体现中心动词所表示动作的区别性特征，有分类的意义（孙德金，1997）。选用的修饰语不同，动词凸显的意义也不同。

“使令”类动词中，“强制”特征最明显的是“命令”类动词，“命令”类动词可前加“强行、强制、严厉、严肃”等修饰语凸显强制性以及“NP高”的高控制度特征。例如：

（9）司令员强行命令这支部队前进。

（10）上级严厉命令总司令死守阵地。

（11）乡政府搞规模种植无可非议，但不能强制命令农民种植某种作物。

“强制、严厉、严肃”与“命令”是无标记组配，二者在使用中与“命令”常一起出现，因此词汇化为“严令、严命、强令”。其他“命令”类动词也不同程度带有强制性特征，如“勒令、限令、责令、责成”等在《现代汉语词典》中的解释都包含“强制”义。例如：

勒令：用命令方式，强制某人做某事。

限令①：命令限期执行。

责令：命令（某人或机构）负责做成某事。

责成：指定（专人或机构）负责办好某事。

“勒令”的解释中包含“强制”，“限令”“责令”“责成”则在命令的时限、结果上给予明确说明。

“役使”类动词表示的事件常常为施事要求受事为自己做某事，“役使”的强制性在词典释义中也有所表现。例如：

役使：强迫使用（人力）。

征调：政府征集、调用人员、物资。

支使：命令人做事。

使唤①：叫人替自己做事。

“役使”释义中有“强迫”义，“支使”有“命令”义，而“使唤”强制性不强，但明显带有不礼貌色彩，而“不礼貌色彩”也从侧面显示受事即低权势者被迫听从的特征。例如：

（12）他经常拿我们当牛马一样使唤。

“征调”的施事为绝对高权势者“政府”或“统治者”，在使用中“征调”可用“强行”来凸显强制义。例如：

（13）日本军队强行征调慰安妇是犯罪行为。

（14）明王朝强行征调大批农民、工匠、役夫、商贾、犯官等迁来黔。

“教育”“带领”类动词的强制性色彩不突出，其“NP 高”可以是指人名词，也可以是组织机构，一些“带领”类的“NP高”还可以是理论类抽象名词。例如：

（15）北京各区县纷纷举办各种活动，教育人民勿忘国耻。

（16）白老师经常在病榻上辅导农村青年自学。

“思想”“理论”和“主义”等抽象名词往往是人们对客观世界系统的认识，对人们的实践又起到指导作用，尤其是当这些“思想、理论、主义”等上升到国家意志层面时，就具有了强大的高权势特征。因此，可以以高权势者的身份入句。

“叮嘱”类动词的强制色彩最弱，可用“亲切、语重心长、关心、关切、殷切、热切”等具有亲切色彩的情感类修饰语修饰。例如：

（17）史大桢还语重心长地叮嘱学员……

（18）书记亲切地叮咛：“引进技术很有必要，但一定要消化好！”

（19）同志们关心地嘱咐姚生芝好好养病。

（20）老田动情地吩咐着守护“苗老大”的人。

4.1.2 “社会管理”类动词及其强制性

社会管理主要是通过一些措施保证社会或团体的政策得以实施，活动得以协调。例如“统治”主要凭借权力对社会或团体进行整体的管理和控制；“处置”，采取一些手段对被管理者或事务进行安排和处理；“监视”，管理者对组织活动不断观察，以发现是否有变化的需要；此外，还有“惩罚”，即对违规者的处罚。与这些活动相关的动词主要有“处置”类动词，“监督”类动词，“统治”类动词。

4.1.2.1 “监督”类动词强制性的凸显

“监督”类动词主要凸显高权势者对低权势者的考察和评判，这类动词多数包含构词语素“审”或“查”、“督”等。“审”本义为“仔细分辨”义；“查”为“考察”义；“督”为“监督、指挥”义。这类动词主要有“考查、考聘、考评、审阅、审读、审验、审改、年审、签批、政审、暗访、纠察、考察、视察、监察、侦缉、察访、查岗、缉查、抽查、侦控、查堵、查私、盘查、审查、审核、督办、督察、督促、督战、督阵、抽测、抽查、抽考、考核、监督、把关”等。

社会“控制”类动词都具有一定的强制性，但强制性程度不同，“监督”类动词不对动作对象提出要求，不要求必须服从，因此强制性较弱。一般不能用“强行、从重、从严”等修饰语修饰。例如：

*强行考察　*从重监督　*从严审阅

这类动词更凸显主观性，突出表现为常用表示主观态度的修饰语进行修饰，如“认真、仔细、严格、重点”等。例如：

(21)总理认真审阅了打印好的公告和公函。

另外，“监督”的方式既可以是“公开”的，也可以是“非公开”的，因此，这类动词常与“秘密、暗中、公开”共现。例如：

(22)凡下拨救灾款物，要做到公开发放，让群众公开监督。

(23)她待在总务部只不过是暗中视察各部门的营运状况。

(24)训练中，他们秘密考察新兵的思想言行。

(25)某市日前开始向社会公开考评企业经营者任职资格。

我们根据能否与“依法、严加”共现，把“监督”类动词分为两类，一类无强制特征，另一类具有一定程度的强制性。“依法”是指“依据法律”，如果一个行为是依据法律做出的，则该行为具有正当性，并具有一定的强制性，“严加”是“严格加以”的词汇化形式，“加以”更具处置性（周小兵，1987），要求其后动词对动作对象要有强影响性，因此可以考虑把这二者作为“监控”类动词强制特征的测试手段。据此，笔者把“监督”类动词分为两类：

A：考察、考查、考评、暗访、审阅、审读、视察、侦缉、纠察、察访、查岗、抽查、侦控、查堵、查私、抽测、抽考、缉毒、督战、督阵、督导

B：监控、督察、督办、盘查、究办、监督、监察、督导、审定、审核、督促

A类动词一般强制性较低，不能与“依法”“严加”共现，这类动词不强调对动作对象的影响。例如：

*依法考察　？严加考察　*依法审阅　*严加审阅

B类动词可以与“依法、严加”共现，强制性较强，往往凸显对动作对象的影响，或强调动作达到某种特定的效果。例如：

(26)乡镇人大要对乡政府依法监督，保护农民群众的合法权益。

（27）被假释的犯罪分子应由假释监督机关严加监督，使其不犯新罪。

（26）中“依法监督”的对象是“乡政府”，后续句为动作要达到的目的；（27）中“监督”的对象是“假释的犯罪分子”，后续句不但是动作要达到的目的，同时也是对动作对象的影响。

4.1.2.2　“处置”类动词强制性的凸显

“处置”类动词主要凸显高权势者运用权力对低权势者进行管理和处置，“处置”类动词主要包括：

A：管辖、管理、管束、管控、布控、布置②、整训、整顿、整风、重办、究办

B：裁处、裁定、裁断、裁决、裁判

C：审处①②、审判、收审、突审、宣判、判处

D：稽查、缉私、抓获、查证、查究、彻查、查控、查处、查办、查扣、查抄、查禁、封禁、通缉、收押、搜捕、搜剿、弹压

“处置”类动词相比“监督”类动词有较强的强制性，这类动词的主观性稍弱，一般较少用表示主观态度的“认真、仔细”等修饰，有些甚至不能用“认真、仔细”修饰。例如：

*认真管辖　*认真管束　*仔细管控　？认真审判　*仔细判处　*认真查扣

“处置”类动词常与“严格、从严、严肃、严厉、严加、加强、坚决、依法”等修饰语共现。例如：

（28）对于普通员工，一定要加强管理。

（29）对青少年不宜去的娱乐场所，特别是电子游戏厅等要从严管理。

（30）对孩子要严加管束。

（31）针对当前“黄、赌、毒”等社会丑恶现象，人民法院……必须依照法律严厉判处。

（32）一经发现病死肉品上市，坚决查扣。

“处置”类动词从A到D是一个强制性逐渐增强的序列。

4.1.2.3　“统治”类动词

“统治”类动词主要有“统治、辖制、把持、宰制、秉政、秉国”等，其

中只有“统治、把持”使用频率较高，其他词语使用频率低，语料库中用例也较少。

“统治”类动词的高权势者一般是人，有时也可以是组织机构名词，还可以是抽象名词“思想、理论”等，低权势者可用“对”引入。例如：

（33）法国对越南进行了 80 多年统治。

（34）外戚和宦官两大集团轮流把持朝政。

（35）儒家思想统治了中国几千年。

（33）中“法国”和“越南”都可看作是组织，而非单纯的地名。低权势者“越南”用“对”引入。（34）中“把持”无低权势者出现，“把持”的施事一般为具有较高权势者，“把持”的宾语为“政权”等抽象名词。

“统治”类动词一般不凸显强制性，多有负面倾向，如“统治”经常受“残酷、残暴、独裁”等修饰。例如：

（36）焚书坑儒发生在秦始皇的残暴统治之下。

（37）不法分子在这片区域进行独裁统治，严重侵犯了人权。

4.1.3 “惩罚”类动词及其强制性

“惩罚”类动词一般表示的是对社会违规行为的处罚行为，这类词主要有“问责、制裁、拘押、监控②、监押、惩处、惩办、惩罚、惩戒、惩治、处罚、处分①、处理②、发落、论处、罚、罚没、拘捕、拘传、拘管、拘禁、拘控、拘留、拘束①、拘押、看管、看押、拷打、拷问、判罚、批捕、严办、严惩、严打、责罚、执罚、处刑”等。

“惩罚”类动词多内含“惩、罚、拘、捕”等成分，“惩罚”类行为都具有较高的强制性，与之共现的修饰成分以凸显这种强制性的“严厉、坚决、从严、从重、严格”居多。例如：

（38）他们表示要对肇事者进行严厉惩罚。

（39）对顶风作案者要从严从重处罚。

（40）对作弊考生要坚决惩处。

（41）各级部门要对责任人严格问责。

“惩罚”类动词表示的事件往往需要强调“惩罚”的正当性，因此，除“拷打、拷问”等，多数能与“依法”连用。例如：

（42）海关依法罚没了他的违禁品。

（43）东照公安局通过秦水公安局对小李依法拘传。

对社会违规行为的惩罚往往需要专门机构或某些特定职位的人进行，这类动词的施事多为机构名词或职位名词。例如：

（44）消防部门对这家公司处罚 1 万元。

（45）公安纪律部门处分了 600 余人。

（46）老师罚学生抄写课文。

（47）乾隆惩办了一批贪官。

4.2 “控制”类动词的强制性特征对句法表现的影响

4.2.1 “管理”类动词的强制性与“把”字句

“管理”类动词的强制性程度由强到弱是一个连续统，“惩罚”类强制性程度最高，“统治”类最不凸显强制特征：

“惩罚”类＞“处置”类＞“监督”类＞“统治”类。

“管理”类动词进入“把”字句的能力强弱不等，强制性程度的差异与进入“把”字句的能力呈正相关，即强制性程度越高，进入“把”字句的能力越强。

4.2.1.1 “惩罚”类动词与“把”字句

“惩罚”类动词凸显对受事的处置，这与“把”字句要求动词具有对宾语具有“处置”作用（吕叔湘，1984；赵元任，1979；沈家煊，2002）相符。因此进入“把”字句的能力比“监督”类和“处置”类更强一些，大部分只加时体成分即可进入“把”字句。例如：

（48）上级已经把他们从重处理了。

（49）皇上也不是昏君，怎么会连查都不查就把乔婉处罚了呢？

（50）唐玄宗只得把几个外交官处分了。

（51）派出所昨天把小李子拘留了。

“拷问、判罚、严惩、严打、责罚、执罚、处刑”等动词多数书面语色彩较重，较难直接进入“把”字句。例如：

（52a）* 敌人把老太太拷问了。

（53）* 政府把这样的黑势力严打了。

（54a）* 纪信把那几个士兵当众责罚了。

不过这类动词往往后加补语即可进入“把”字句。例如：

（55b）敌人一直把老太太拷问到天黑才罢手。

（56b）纪信把那几个士兵当众责罚了一通。

4.2.1.2　**“处置”类动词与“把”字句**

“处置”类动词从 A 到 D 是一个强制性逐渐增强的序列，进入“把”字句的能力也由 A 到 D 逐渐增强。

A 类中一般只有“管理、管束、整顿”后加补语才能进入“把”字句。例如：

（57）组织有关部门切实把农村工作管理好。

（58）爹娘把她管束得好紧。

（59）朝廷起用高晖接掌兵部，主要目的就是把各地的节度使整顿一下。

B 类比较特殊，强制性较 A 类强，但进入“把”字句能力较弱，一般需要后加“为”或前加形式动词，用例较少。例如：

（60）（这样做）其实质是把错误的文书裁定为合法的文书。

（61）？乒乓球俱乐部把国手“大闹赛场”一事进行了裁断。

C 类中，除“审处、审判”不能进入“把”字句外，其他动词都能进入，“收审”甚至只加时体成分即能进入。例如：

（62）市公安局把李某收审了。

（63）法院把他判处了无期徒刑。

“审处”不能进入“把”字句与其书面色彩较重有关。

D 类除书面语色彩较重的“稽查”以及发生论元合并且使用频率较低的“缉私”外，大部分能进入“把”字句，有些甚至只继续后加时体成分即可进入。例如：

（64）警方把涉案物品都封禁了。

（65）基隆地检处检察官下令把谭公收押。

4.2.1.3 “监督”类动词与“把”字句

“监督”类动词动作性较弱，一般不能进入“把”字句，不过，“强制”性特征往往要求动作要有结果，强制性越强，进入“把”字句的可接受程度越强，尤其是当动词后加补语成分时。例如：

（66）* 领导把谁考察了就等于谁即将提拔了。

（67）* 工作人员把杨婆婆抽查了。

“考察”和“抽查”的强制性程度较低，一般不能用于“把”字句，如（66）和（67）；而“监控”的强制度较高，可进入“把”字句。

4.2.1.4 “统治”类动词与“把”字句

“统治”类动词都较难进入“把”字句，例如：

（68）* 法国人曾把法国统治了 100 多年。

（69）* 外戚和宦官两大集团轮流把朝政把持。

4.2.2　“控制”类动词的强制性与“被”字句

“控制”类动词一般都能进入“被”字句，例如：

（70）他被命令后退。

（71）这个计划被领导批准了。

（72）群众被他领导……

（73）胡志明市在历史上曾被法国人统治了 100 多年。

（74）朝政被外戚和宦官两大集团轮流把持。

（75）大家都知道谁被考察了就等于谁即将提拔了。

（76）杨婆婆被工作人员抽查了。

“被”字句的适用条件比“把”字句更宽泛，即使一些较难进入“把”字句的动词也能进入“被”字句。例如：

（77a）* 他把大家带领着走向前方。

（77b）大家被他带领着走向前方。

（78a）* 上级把他管辖住了。

（78b）他不甘心被人管辖。

（79a）* 法庭把高某审判了。

（79b）总经理高某 2010 年曾因受贿被审判。

“强制”往往与“不如意”相关，这种“不如意”一般是站在动词的受动者角度来说的。“被”字句的原始句式义凸显不如意色彩，但现代汉语这种“不如意”色彩逐渐磨蚀，不如意色彩的凸显主要由“遭受、遭到、受、受到”来承担，表现在“控制”类动词上，强制性程度越高，越倾向于进入“遭到”或“遭受”句。例如：

(80)老李成为杀人犯而遭到通缉。

(81)该医院在几年前曾因没有医生资格的人为病人治疗而遭到查处。

(82)扬克企图冲破铁栅栏而遭到弹压。

对于受事来说，“惩罚”的结果都是不如意的、不希望得到的结果，因此经常作“受、受到、遭到、遭受”的宾语。例如：

(83)朝廷征召，若你敢拒绝的话，就会立刻遭受处罚。

(84)编造谎言的人总有一天要遭到惩罚。

(85)叛逆之人，随时可以遭受制裁。

(86)白发是去年春节期间莫名其妙遭到拘禁的。

(87)你就是因不服从而受到惩罚的。

“统治”类动词多有负面倾向，进入“被”字句、“受”字句的比例很高，“受”字句比“被”字句更凸显不如意色彩。例如：

(88)小张有把柄在她手中，不得不受她辖制。

(89)他心中不平，自己有人有枪，却要受这帮穷小子宰制。

4.2.3 “控制”类动词与形式动词

“进行”凸显动作的持续性特征（吕叔湘，1980），而“加以、予以等”则凸显“处置性”（周小兵，1987），“加强、严加”则明确凸显了“强制性特点”。社会“控制”类动词强制性越强，越倾向于与“加以、予以、严加、加强”等形式动词连用，这些形式动词中的“处置”性、“强制性”凸显了动词的强制性特点。

4.2.3.1 “惩罚”类动词对形式动词的选择

“惩罚”类动词大多能与形式动词共现，由于“处罚”类动词多凸显“处置”与结果，因此“加以、予以”出现的比例较高，“进行”虽略占优势，但有时并不特别明显。如表 4-1 所示。

表4-1 “惩罚”类动词对形式动词的选择

“惩罚”类动词	进行	加以	予以	给予	严加
惩罚	171	91	30	0	22
处罚	1000	46	956	539	19
责罚	1	3	1	2	0
惩处	70	47	200	35	141
惩办	2	11	13	1	11
严惩	61	15	62	283	0
制裁	351	59	134	49	4
拘捕	11	3	7	0	0
拘禁	351	59	134	49	4
……					

4.2.3.2 社会“管理”类动词对形式动词的选择

管理类动词的强制性程度由“处置”类到“监督”类再到“统治”类逐渐减弱，与形式动词的共现情况也有差异，其中“处置”类与“进行”共现比例较高，与“加以”等共现的能力也较强；“监督”类主要与“进行”连用，与“加以”等连用的能力较“处置”类稍差；“统治”类与所有形式动词连用的能力都较差。

（一）“处置”类动词

“处置”类动词都能作形式动词宾语，其中“进行”出现的比例仍是最高的，但“作出”出现的比例增加，一般能与“加以”类共现，但比例相对于“惩罚”类较低。“管束、裁定、裁判、裁决、查办、部署”等词与“加以”类形式动词连用的频率甚至高于“进行”，这是与“处置”类动词更强调结果和更具强制性有关。如表 4-2 所示：

表4-2 “处置”类动词对形式动词的选择

“处置”类动词	进行	加以	予以	给予	严加
布控	36	0	0	0	0

续表

“处置”类动词	进行	加以	予以	给予	严加
管辖	32	2	0	1	0
管控	24	1	0	0	1
管理	5511	204	21	20	152
管束	3	11	0	0	84
整顿	1157	274	20	0	13
部署	405	8	5	0	0
审批	398	0	37	12	1
裁定	24	5	4	2	0
裁断	1	1	0	0	1
裁决	122	0	9	9	0
裁判	87	0	4	0	0
查办	10	0	6	4	11
搜剿	5	0	0	0	0
……					

（二）“监督”类动词

“监督”类动词多数可以与形式动词连用，其中以“进行”居多。笔者以“进行、加以、予以、给予、严加、作出”为条件，在北京语言大学BCC语料库中对“监督”类动词进行检索，发现“进行”可与所有“监督”类动词连用，而且出现的比例最高，如表4-3所示。

表4-3 “监督”类动词对形式动词的选择

“监督”类动词	进行	加以	予以	给予	严加
审阅	3	0	0	0	0
察访	11	0	0	0	0
暗访	136	0	0	0	0
考查	197	17	4	0	0

续表

“监督”类动词	进行	加以	予以	给予	严加
视察	344	0	0	0	0
考评	404	0	4	2	0
督察	100	0	0	0	0
侦缉	4	0	0	0	0
督促	344	16	8	1	0
督办	344	2	2	0	0
审查	2516	50	57	7	8
监督	6138	200	134	0	15
审核	527	19	23	0	6
审批	398	2	37	12	1
……					

（三）“统治”类动词

“统治”类动词除“统治”外，都不能作形式动词的宾语，“统治”可用“进行、加强、加以”。例如：

（90）他被允许对地球进行统治。

（91）阿明用铁腕政策加强统治。

（92）其实该组织很难有效地对该地加以统治。

4.2.3.3 “使令”类动词对形式动词的选择

“使令”类动词的动作性较差，与形式动词连用的能力不强。形式动词要求其动词宾语要有较强的动作性（沈家煊,2002），因此,“使令”类动词除“教育”类外，与形式动词连用的只有少数。“命令”类动词都不能与形式动词连用。例如：

（93）* 领导对我们进行 / 予以 / 给予 / 加以命令。

（94）* 上级对有关部门加快查处进行 / 予以责成。

“使役”类除“操控、指挥”能与“进行”连用外，一般不能与形式动词连用。例如：

（95）一定有人在背后对她进行操控。

(96)没有与外界联系的其他方式，他无法对部队进行指挥。

(97)？政府对战备物资进行征调。

(98)*对老百姓进行役使。

“带领”类除“领导”外都不能与形式动词连用。

(99)企业的各级主管必须通过这些目标对下级进行领导。

(100)*他对部下进行带领。

(101)*他对大局进行统率。

“批准”除“禁止”和“批准”可与“予以”连用外，其他都不能与形式动词连用。例如：

(102)相关部门必须对传销经营活动坚决予以禁止。

(103a)国务院证券管理部门对符合本法规定的申请，予以批准。

(103b)*国务院证券管理部门对符合本法规定的申请，予以准予/准许。

“教育”类则大多可与形式动词连用。

(104)每次出现问题，师父都会对他予以指导。

(105)老师在学校对学生进行辅导。

(106)在孩子情绪平静之后家长要及时对孩子进行教育和引导。

4.2.3.4 “控制”类动词的强制性程度与形式动词

社会“控制”类动词中，“惩罚”类动词、“管理”类动词、“使令”类动词与形式动词共现的可能性逐渐降低。

总的来说，“惩罚”类动词的强制度高于其他两类，该类中大多数词都能与形式动词共现，其中“加以”类出现的比例最高；“使令”类与形式动词共现的能力最差，该类中很大一部分动词不能与形式动词共现；“管理”类动词与形式动词共现的情况处于二者之间，其中，越具有强制特征的动词与“加以”类形式动词共现的可能越大。

4.3 “使令”类动词的特殊句法语用现象

4.3.1 “使令”类动词与兼语式

“使令”类动词从语义上表示高权势者发出某个动作或指令，要求低权势者服从，或给低权势者造成某种结果。“使令”类动词对“致效”有强制性的要求，因此常后加复杂成分。从句法上看，“使令”类动词最凸显的句法特征是绝大多数都能进入“NP1+VP1+NP2+VP2”结构，多数学者称之为“兼语式”，也有学者称之为“递系式”。“兼语式”主要是从句法结构上作出的定义，NP2在句中既作VP1的宾语，也是后面VP2的主语，NP2身兼二职。项开喜（2002）则称之为“双施力结构”，所谓的双施力结构，是指这类结构中“有两个‘施力’成分，它们都和动词谓语存在直接或间接的施动关系”。其中，NP1为间接施力成分，为主使者；NP2为直接施力成分，为受使者。双施力结构有两种语义类型，一种是“使令”义双施力式，即NP1使令NP2实施了某种动作行为；另一种是“致使”义双施力式，即NP1致使NP2发生了某种变化。谭景春（1995）则认为使令句与动补句、祈使句都有关系，使令句和动补句都有使“产生结果”义，使令句和祈使句都表“说话人要求另一个人去做某事”义。

与一般能进入该结构的动词相比，高权势“使令”类动词对NP1和NP2的权势关系有特殊要求，即“使令”类动词的NP1在权势上高于NP2，因此，我们把该格式改写为“NP高+VP1+NP低+VP2”，其中VP1为高权势“使令”类动词。例如：

（107）乾隆亲自批准设置《四库全书》馆。

（108）母亲反复叮嘱孩子在学校要好好学习。

（109）团长领导大家募集了大量医药物资。

（110）父亲教育我们要老老实实做人。

（111）政府出资资助失学儿童继续读书。

高权势“使令”类动词的“NP高”和“NP低”既可以是人，也可以是机构或组织，甚至可以是某种抽象的理论，如（107）中具有绝对的高权势的专有名词“乾隆”；在现代中国人的百科知识中，具有官方倡导的正向色彩，一般来说，这类抽象名词在使令类动词中总是以“NP高”的身份出现，而不能以“NP低”的身份出现。

以往的研究认为V2的动作性较强（邢欣，2004），一般为句子主要表达的内容，V1表示的事件往往是说明V2事件的原因的背景，很少附着时体成分，尤其是“着、过”等。从“施力”的角度看，“NP高”直接施力于“使令”类动词，而VP2则是在VP1作用下发生的，因此VP1具有对后续事件较强的影响性。

4.3.2 "教育"类动词句中的谓词隐含现象

袁毓林（1995）在考察"的"字结构的称代功能时，指出"NP1 的 NP2"结构中常有"谓词隐含"现象，例如"红木的家具"中隐含了"制造"。宋作艳（2001）引入了生成词库理论对这一现象进行了解释。"教育"类动词在使用中也常有谓词隐含现象。

部分"教育"类动词在传统的语法分析中被分析为"双宾动词"或"双及物动词"，如"教、辅导、教导、教授①、培养、指导、指点"等。例如：

（112a）老师教他英语。

（113a）老师指导我论文。

典型的双宾动词是"施与"类动词和"获取"类动词，"施与"类动词与"获取"类动词涉及的参与者有三个，即"施与者""取得者"和"施与 / 取得物"。例如：

（114）我送给他一本书。

在"施与—获取"过程中伴随着施与物所有权的转移，随着施与动作的完成，（114）中"书"的所有权由"我"转移至"他"。

"教育"类动词也涉及三个参与者，即"教育者""接受教育者"和"所教之物"，但"所教之物"不发生所有权转移，如（112a）中"英语"并非属于"老师"所有，同样经过"教"，也不会转移至"他"所有。"教育"类动词与"双宾动词"最大的不同是，"教育"类动词句中常包含"谓词隐含"现象。例如：

（115b）老师教他<u>学习</u>英语。

（116b）老师指导我<u>写</u>论文。

被隐含的谓词处于两个名词性成分之间，如果补入，那么这类两个名词性成分便具有了"主—谓"关系，也就是说，"教育"类动词并非真正的"双宾"动词，而是隐含谓词的兼语式。因此，"施与"动词和"取得"类动词能够用表示方向"向、对、从"等介词和趋向动词凸显事物的转移方向，而"教育"类动词则不能。例如：

（117a）* 老师向 / 对 / 从教英语。

（117b）*老师教下来 / 上来他英语。

“辅导”“培养”“指教”“指点”等“教育”类动词也有谓词隐含现象。例如：

（118）老师每天都辅导孩子［学］数学。

（119）谢谢前辈指教我［学习］刀法。

（120）老天爷请指点我［走出］迷津吧。

4.3.3 “使令”类动词的强制性程度对事件结构特征的影响

从事件结构的角度观察，NP1+VP1+NP2+VP2 结构包含了两个事件，前一事件是后一事件发生的原因和基础，后一事件是前一事件的目的或结果。高权势“使令”类动词绝大多数都能进入这一结构。根据谭景春（1995）和项开喜（2002），笔者把高权势“使令”类动词与后续事件的关系分为两类，一类是祈使类后续事件，另一类是致使类后续事件。能接续祈使类后续事件的动词主要有“命令”类、“役使”类、“禁止”类、“叮嘱”类；接续致使后续事件的主要有“教育”类、“带领”类及其他类。

根据后续事件的特征，笔者把“使令”类分为三类，第一类后续事件为正向积极事件；第二类为负向消极事件；第三类为中性事件。所谓正向积极事件、负向消极事件等是指整个句子的社会评价的正负向，或相对于 NP 低来说的。一般“命令”“役使”类动词多后续消极事件。例如：

（121a）该校勒令上学期 5 名替考的学生退学。

（122a）工商部门责令 15 家小企业停产整顿。

（123a）一些见利忘义的人利用乡镇多子女家庭的困难，役使他们的未成年子女乞讨。

（121a）～（123a）中的“学生退学”“企业停产”“子女乞讨”无论是对 NP 低还是在社会评价中都为负向消极事件。“责令、役使、勒令”等动词很难加上积极的后续事件。例如：

（121b）*该校勒令上学期 5 名替考的学生继续努力。

（122b）*工商部门责令 15 家小企业好好生产。

（123b）*一些见利忘义的人……役使他们的未成年子女去学校上学。

而“教育”“带领”“叮嘱”类动词一般只能后续社会评价为正向的积极事件，而不能为消极事件。例如：

（124a）贾福元教育孩子要老老实实做人。

（124b）* 贾福元教育孩子经常偷东西。

（125a）奶奶再三叮嘱我要注意身体。

（125b）* 奶奶再三叮嘱我不要注意身体。

中性事件是指社会评价无所谓积极还是消极。例如：

（126）何妈又支使五妹到厨房里去刷锅洗碗。

（126）中的“去厨房洗碗”可看作中性事件。另外，还有一些使令动词的后续事件既可以是正向积极事件，也可以是负向消极事件，笔者把这类词也列入中性事件词中。例如：

（127）老师利用课余时间教我们学画画。

（128）他竟然教孩子们学抽烟。

（129）霍英东会长亲自率领“亚洲象棋明星队”访问了美国。

（127）中“教”的后续事件“学画画”偏向于正向积极评价，而（128）中的“学抽烟”则是负向消极评价。同样“率领”的后续事件在（129）中偏向于正向评价。

需要说明的是，后续事件是积极评价还是消极评价是一种倾向性，而非绝对，如“带领”的后续事件积极评价居多，但也有消极评价事件。例如：

（130）丁某带领着 4 个“爪牙”企图敲诈场主郑某。

笔者认为（130）中的“带领”如果用“带”替换更合适一些。

后续积极事件与消极事件和动词的强制性程度相关，越是强制度高的动词后续消极事件的可能性就越大，如表 4-4 所示。

表4-4 “使令”类动词后续事件类型

动词类型	积极事件	消极事件	中性事件
“命令”类	—	勒令、强令、限令、责令	密令、命令、通令、严令、严命、责成、指令、指示、申令
“役使”类	—	使唤、役使、操纵、操控	支使、征调、指挥、批示

续表

动词类型	积极事件	消极事件	中性事件
“准许”类	允准、批准、准许、准予、恩准、俯允	禁止	—
“带领”类	统率、带领、领导、带动	—	率领、统领
“教导”类	引导、指引、教育、辅导、教导、教化、教诲、教授、培养、指点、指导	—	培训、培植、教
“叮嘱”类	叮嘱、叮咛、嘱咐	—	吩咐
其他类	帮扶、扶助、资助、保佑、呵护	庇护	中性：任命、任用、委任、扶植

“命令”类和“役使”类强制性较强，后续事件一般都是负向消极事件；“带领、教导、叮嘱”类强制性较弱，后续事件多为积极事件；“准许”类强度介于二者之间，其中“禁止”强制性较强，后续事件一般为消极事件，其他强制性较弱后续事件为积极事件。

4.4　小结

高权势“控制”类动词包括：“使令”类动词、“管理”类动词、“惩罚”类动词；“使令”类动词有较强的“致效”要求，即“使令者”往往要求“被使令者”去做或不去做某事，或强调通过“使令”使“被使令者”达到某种效果，因此“使令”动词往往要求必须有后续事件，在句法上表现为“使令”动词多出现于“NP 高 +VP1+NP 低 +VP2”格式的兼语句中。

“社会管理”类动词最突出的表现是管理者的意志性，“社会管理”类动词从“统治”类、“监督”类到“处置”类，是一个强度逐渐加强的序列，“监督”类动词多用“认真、仔细、严格、重点”等修饰语修饰，而不能用“从重、从严、严厉”等修饰语修饰；“处置”类动词多用“严格、从严、严肃、严厉、坚决、依法”等修饰语修饰，不能用“从重”等修饰。

“惩罚”类动词强制性程度较高，多用“严厉、坚决、从严、从重、严格、依法”等修饰，一般不用“认真、仔细、严肃”等修饰，另外,“惩罚”类动词用“严厉”修饰的比例要远高于“处置”类动词。

动词的强制性对动词句法和语用表现有一定的制约作用。动词的强制度越高，进入“把”字句和“被”字句的能力越强；强制度越高，与形式动词中“予以、加以、严加”连用的比例越高。语用制约主要体现在“使令”类动词后续句的社会评价上，一般动词强制性越高，后续句越倾向于负面社会评价。

第5章　高权势“言语行为”动词与“心理”动词

高权势“言语行为”动词和高权势“心理”动词多与社会评价有关。社会评价指的是以社会客体为对象，对社会中的人或事物进行评估的活动。

5.1　高权势“言语行为”动词

Austin（1962）认为话语除了表达一定的意义之外，还实施了三种行为，即言内行为（locutionary act）、言外行为（illocutionary act）、言后行为（perlocutionary act）。

“言外行为”是指人们通过说话可以达到一定的目的，完成各种事情，如责怪、道歉、祝贺、允许、命名、许诺、命令、拒绝、发誓、感谢等。实际上，人们常常把言语行为狭义地理解为言外行为。言后行为是指话语对听话人造成的影响。

Searl（1979）在 Austin（1962）的基础上，把言外行为划分为 5 大类[1]：

（1）阐述类（representative），说话人对所表达命题的真实性作出承诺，其适从向为从话语到客观世界，同时表达了相信的心理状态，陈述、断言、声称、报告等都属于这一类言外行为。

（2）指令类（directives），说话人试图使听话人去做某事，适从向是从外部世界到话语，表达了希望听话人去做某件事的意愿，如请求、建议、忠告、命令等都属于这类言外行为。

（3）承诺类（commissives），说话人对自己将来的行为作出承诺，其适从向是从客观世界到话语，表达了说话人意图去做某事的态度，许诺、发誓、拒绝、威胁等都属于这一类言外行为。

---

[1] 转引自俞东明．什么是语用学［M］．上海：上海外语教育出版社，2011.

（4）表达类（expressives），说话人表达自己的心理状态，如高兴、悲伤等，这类言语行为没有适从向，如道歉、责备、祝贺、表扬、感谢等。

（5）宣告类（declarations），这类言语行为特殊之处在于，其实施的过程中往往涉及一些言语外的习俗或规约。命名、宣战、解雇、提名候选人等都是典型的宣告类言语行为。

到目前为止，Searl 的分类是影响最大的言外行为分类法（俞东明，2011）。

在 Searl 的分类中，指令类、表达类和宣告类涉及社会空间权势关系。本章讨论的“社会空间高权势评价类言语行为动词”主要涉及“表达类”中的“表扬”和“批评”类。

5.1.1 高权势“言语行为”动词的分类

高权势“言语行为”动词主要分为“表扬”类言语行为动词和“批评”类言语行为动词。

“表扬”类言语行为动词主要对应于“表扬”类言语行为。“表扬”类言语行为是高权势者对低权势者行为的夸赞和奖赏，不能相反。例如：

（1a）老师表扬他学习进步了。

（1b）*他表扬老师工作态度好。

（2a）领导夸奖了她认真工作。

（2b）*她夸奖上级领导有方。

“表扬”类言语行为动词主要包括“表扬、褒扬、表彰、夸奖、嘉勉、嘉许”等。

与“表扬”类言语行为动词相对应，“批评”类言语行为动词对应于“批评”类言语行为，批评者的社会地位一般高于被批评者。例如：

（3）他一叠声愤愤不平地数落起儿子的“劣迹”。

（4）大家都气愤地责备他。

（5）一位领导声色俱厉地责问他：“昨天下午你到哪里去了？”

（6）在工作中，工头也往往责骂、殴打工人。

（7）出了问题，高喜扬总是先批评徒弟，再批评别人。

“批评”类动词主要有“说、数落、批评、责备、责问、斥责、叱问、斥问、呵责、呵斥、叱喝、申斥、申饬、苛责、训、训斥、责骂、叱骂”等。

5.1.2 高权势“言语行为”的参与者

“表扬”类言语行为动词的施事和对象一般为 [+ 人类]，也可以为拟人化了的组织或机构。例如：

（8）会议还表彰了一批信息工作先进单位和先进个人。

（9）大队书记代表山民赠给他一束嫣红的山花，褒扬他不忘故旧的义侠情肠。

“夸奖”的参与者一般都为人，尤其是主语不能为机构。例如：

（10a）车间主任夸奖小赵技术扎实。

（10b）* 车间夸奖小赵技术扎实。

“表彰”意为“表扬”并伴随嘉奖，常用于比较正式的场合，“表彰”的主体一般为机构或组织，不能是指人名词，尤其不能是表示亲属关系的指人名词。例如：

（11）市教委日前召开大会表彰市教育系统优秀思想政治工作者。

（12）各级党委和政府应大力表彰科技工作者所作出的贡献。

（13）* 老师表彰了他为班级作出的贡献。

（14）* 妈妈表彰了他。

“批评”类动词的施事和对象大多数是由指人名词充当，其中“数落、责备、责问、呵斥、斥责、训斥、责骂、叱问”等的施事和对象只能是指人名词。例如：

（15a）妈妈在一旁一个劲儿地数落他的不是。

（15b）* 上级机关一旁一个劲儿地数落下属机关的不是。

（16a）老师责备他不该上课玩手机。

（16b）* 学校责备他们班有人玩手机。

（17a）母亲大声责骂儿子不务正业。

（17b）* 政府责骂教育局不务正业。

“批评”的施事和对象既可以是指人名词，也可以是组织、机构名词。例如：

（18a）出了问题老师总是先批评班长。

（18b）出了问题，上级机关总是先批评下级机关。

5.1.3 高权势“言语行为”动词语义强度对句法的影响

一个词的语义内涵远比词典的解释更丰富，具体的语境会激活某一种词义内涵，高权势“言语行为”动词语义强度不同，对“量”的凸显方式也有差异，由此造成的句法语用后果也不同。

5.1.3.1 高权势“言语行为”动词对修饰语的选择

修饰语对词义的内涵有激活作用，同时词义对修饰语也有严格要求。

“表扬”的目的是对“被表扬者”进行鼓励，同时为其他成员提供一个可资借鉴的目标。因此,“表扬”类言语行为动词常常与“公开、大力、隆重、好好”等修饰语共现。例如：

(19)全国文明办根据各地评选结果，隆重表彰了100名“文明导游员”。

(20)老师发现他的生字作业有进步，就在班上公开表扬了他。

(21)市交通局大力褒扬社会各界为交通安全所作出的种种努力。

“表彰”词义中内含“表扬，并使之彰显”义，语义较重，更具庄重性，常与凸显“大量”特征的修饰语共现，在北京语言大学BCC语料库中“大力表彰”出现213次；“隆重表彰”出现96次；“公开表彰”出现9次，这类修饰语与“表彰”共现的频率都相对较高。而“表扬”如“夸奖”则更具口语特征，用“好好”“大大”等修饰语修饰的频率较高，而用“隆重”修饰的频率则较低，其中“夸奖”的语义最轻，与表示大量的修饰语共现频率最低。以“褒扬”为代表的书面语色彩较浓的词语出现频率较低，语法表现较单调。如表5-1所示：

表5-1 与“表扬”类动词共现的修饰语

修饰语	表彰	褒扬	表扬	夸奖
大力	213	2	101	4[1]
隆重	96	0	2	0
公开	9	1	30	1

[1] 北京语言大学BCC语料库中没有“大力夸奖”用例，但北京大学CCL语料库中有4例。

续表

修饰语	表彰	褒扬	表扬	夸奖
好好	2[1]	0	12	？ 0
大大	1	1	10	5

“批评”类言语行为动词中，“数落”的语义最轻，常用的修饰语有“狠狠、一把鼻涕一把泪、七嘴八舌”等，而不能用“严肃、严厉”等修饰语。例如：

（22）老太太狠狠地数落了儿媳妇一顿。

（23）她坐在地上一把鼻涕一把泪地开始数落垂头站在一旁的男人。

语义较重的“批评”类动词多数可用“严厉、严肃”等来凸显“批评”的强度。例如：

（24）总理听了他的汇报，严肃地批评说，你讲得太过分了。

（25）老师严厉地批评了亮亮。

（26）智亭山战事以后，闯王严厉地责备了郝摇旗几次，一直不肯再重用他。

强度更高的“训斥、责骂”等动词，不但可用“严厉、严肃、严词”等来修饰，还常用“厉声、怒声、大声”等修饰语凸显“批评”的强度。例如：

（27）李世民怒声训斥，“所有人，必须依令行事，违令都斩！”

（28）武帝对钩弋夫人厉声责骂起来。

声音的高低常常与情感的强弱联系在一起，因而越是强烈的情感，尤其是强烈的愤怒情感常常用表示“大声”等词语修饰。一般不用描写性较强的“一把鼻涕一把泪、七嘴八舌”等修饰语修饰。例如：

（29）*他一把鼻涕一把泪地训斥着孩子。

“一把鼻涕一把泪、狠狠、严肃、严厉、厉声、怒声”的严厉程度由左至右呈递升趋势，笔者以这些词为测试项对“批评”类动词进行测试，与右边的词连用的可能越大，“批评”的语义强度越强。“批评”类动词的强度表现为

[1] 北京语言大学BCC语料库中没有“好好表彰”用例，但北京大学CCL语料库中有2例。

表 5-2 中从上到下的排列，越靠下强度越大。但是“申饬”“苛责”“训”“说”是例外，前两者书面语色彩太强，不能与这些修饰语共现；后两者口语色彩更强，加上音节影响，与上述修饰语共现时也受到较大限制。

表5-2　与“批评”类动词共现的修饰语

“批评”类动词	一把鼻涕一把泪	狠狠	严肃	严厉	厉声	怒声
数落	+	+	-	-	-	-
批评	-	+	+	+	+	-
责备	-	+	+	+	+	-
训	-	+	-	+	-	-
说	-	+	+	+	-	-
训斥	-	+	-	+	+	+
责骂	-	+	-	-	+	+
责问	-	-	+	+	+	+
斥责	-	-	-	+	+	+
叱问	-	-	-	+	+	+
斥问	-	-	-	+	+	+
呵责	-	-	-	-	+	+
呵斥	-	-	-	+	+	+
叱喝	-	-	-	-	+	+
申斥	-	-	-	+	+	+
叱骂	-	-	-	-	+	+
申饬	-	-	-	-	-	-
苛责	-	-	-	-	-	-

5.1.3.2　“批评”的强度与权势关系

“批评”类动词有时也可以用于低权势者对高权势者的情况，但一般只有强度较弱的"批评"类动词会出现这种情况。例如：

（30a）组长数落了他一顿。

（30b）我是他的组长，他居然数落我！

（31a）会上上级批评了我们。

（31b）在会议下级也可以批评上级。

（32a）母亲责备了他。

（32b）他对（母亲包办的）婚姻虽然失望，难免心里责备母亲。

（30b）中用"居然"表示意外。"我"是"他"的上级，是高权势者，"他责备我"是违反常理的，因此用"居然"来标识这种不正常情况。（31b）中"也可以"表示说话人不太情愿，勉强接受的情绪。"上级批评下级"是正常的，"下级批评上级"一般来说不太正常，但是是能接受的。（32b）中"责备母亲"的情况是不多见的，必须有特殊的语境才能成立，如"在心里责备"而不能"公开责备"。

"批评"的语气越强，越难用"下级"作施事者。例如：

（33a）老师训斥了那个调皮的学生一顿。

（33b）* 学生训斥了老师一顿。

（34a）母亲责骂了他。

（34b）* 他责骂了母亲。

（33b）和（34b）违反了权势关系的句法配置，则不成立。

5.1.4　"量"的凸显与褒贬评价

"表扬"类动词常与动量词连用，说明动作的数量。动词与动量词之间存在相互选择关系，它们之间的相互选择，首先取决于动词本身的语义特征，这决定了动词与动量词的组合并非自由的而是受某些条件制约；其次取决于动量词本身的语义特征。（邵敬敏，1996）

"一番""一顿""一通"常与言语行为动词连用，邵敬敏把它们归为"情态量词"，并指出这类量词都有丰富的情态色彩。"番、通"常常表示费时费力地去做某事，二者的区别在于"番"有褒义的倾向，而"通"有贬义的倾向；而"顿"更多地与"打骂"类言语行为联系在一起。"表扬"类动词可与"一番"共现，一般不与"一顿""一通"连用。例如：

（35a）刘双林把三班的兵挨个表扬了一番。

（35b）＊刘双林把三班的兵挨个表扬了一顿／通。

（36a）总统把他在东方的功绩表彰了一番。

（36b）＊总统把他在东方的功绩表彰了一顿／通。

（37a）舅舅还在电话里夸奖了我一番。

（37b）＊舅舅还在电话里夸奖了我一顿／通。

“表扬”类动词都是正向评价的，因此与“一番”是无标记组配，而与“一通”“一顿”则不能搭配，或是有标记的组配，语料中“表扬、夸奖”有时能与“一通”“一顿”连用，但用例较少，即使有用例，或句子有问题，或出现在特殊语境中。例如：

（38）对自己的部下，他说话总是不留情面，但那也是刀子嘴豆腐心，批评完了还要自己反思，又赶紧借着点儿什么事表扬你一通。

（38）中的“表扬”是“有标记的”表扬，是对“批评部下”的补偿，与真正的“表扬”不同，与“一通”连用正体现了这种矛盾心理。

“批评”类动词一般可与“一顿”“一通”连用。前面我们谈到，动词与数量短语之间有相互选择关系，“一顿”“一通”常与有否定色彩或贬义色彩的动词连用。例如：

（39）老师不问三七二十一，劈头盖脸地就训斥了她一顿。

（40）程某被副书记点名批评了一顿。

（41）杨凌没好气地把大棒槌训斥了一通。

（42）严厉的父母也逮住她好一通数落。

“顿”作为量词，早期用于对“饭食”的计量。南北朝人把旅途中的休息、饮食叫作“出顿”，但这个时代首先产生的是名量词“顿”，用于“饭食”。唐宋时期，人们将“挨打”行为称为“吃一顿棒”，所以“责打”类动作也可以用“顿”来称量；“责打”常与“批评、责骂”相联系，故这类行为也可以用“顿”来称量（金桂桃，2007；周娟，2012），“顿”便发展出与贬义词语连用的特征。“通”用作动量词始于东汉时期，最初用于计量军中击鼓的动作。清代主要用于动作状态不甚分明的“浑指”情态。在现代汉语中，“通”有“凌乱、随便”的贬义意思（金桂桃，2007）。“顿”和“通”的这种贬义倾向特征与“批评”类动词为和谐组配，是一种无标记的组配。

“批评”类动词有时也可与“一番”连用，但连用后常常淡化了“批评”的强度。如表 5-3 所示。例如：

（43）无空呵呵笑道：“以后巡视江湖之事，还要多多仰仗你呢！你想走，和尚也不留你！不过，你居然想将玄木令主这位贵客一起拐带走，那和尚便要大大地责骂你一番了！”他轻松幽默的语气登时逗得风子斋笑了起来。

（44）康熙佯作雷霆大发地责骂呵斥一番，转身走开了。

（43）是玩笑话，即便使用了“批评”强度较高的“责骂”，但言后的效果却是“逗得风子斋笑起来”。而（44）中的“责骂、呵斥”前则有“佯作”来修饰，也大大减低了“责骂、呵斥”的强度。

表5-3　与“表扬、批评”类动词共现的数量短语[1]

数量短语	表扬类动词	批评类动词
一番	++7	+
一顿	-	++
一通	-	++

5.1.5　高权势“言语行为”动词对特殊句式的选择

“表扬”类和“批评”类动词大都能进入“把”字句和“被”字句，书面语色彩过强的“褒扬、嘉勉、嘉许”和“申饬、呵责”等除外。例如：

（45）父母着实把她夸奖了一番。

（46）领导当众把他表扬了一番。

（47）老师把我俩狠狠地训斥了一顿。

（48）收获欠丰时，地主还要把他们呵斥一顿。

“被”字句本来具有“不如意”的句式义，但在使用中，“不如意”色彩逐渐磨损，“表扬”类动词多可进入“被”字句。例如：

（49）厦门八中、大同小学的少先队组织被团省委命名表彰为“红花集体”。

[1] “++”表示与动词共现的数量短语出现频率高，“+”次之。

（50）陈先生有一次因在救灾中表现突出而被当地政府表扬。

（51）他最近进步很大，被老师在全班公开表扬。

同样有被动义的“受、受到＋表扬类动词”句出现频率更高，以“表扬”为例，我们以“被……表扬”和“受到……表扬”为条件，在北京语言大学BCC语料库中进行检索，“被……表扬”出现96次，“受到……表扬”出现1460次。不过“受到”为动词，“被”为介词，“被……表扬”中，“表扬”是句中主要动词，而“受到……表扬”中，“表扬”为“受到”的宾语，因此“受到”后常加“的表扬”，而“被”字句中不能在“表扬”前加“的”。例如：

（52a）他奋不顾身救人的事迹，受到公园街道团总支表扬。

（52b）他奋不顾身救人的事迹，受到公园街道团总支的表扬。

（53a）他经常被老师表扬。

（53b）*他经常被老师的表扬。

“批评”类动词对于“批评”的对象来说必定是不如意的事情，与“被”字句的核心语义“表示不如意的事件”是和谐的组配关系。同表被动的“遭到、遭受”与“批评”类动词共现的频率也很高，但是与“遭到”等连用时，“批评”类动词需前加“的”。例如：

（54）两人还没说上一句话，安娜便遭到了工头的训斥。

（55）他卖力地干着，担心完不成任务会遭到女主人的嘲笑和责骂。

（56）罗小毛时常遭到老师的批评和班干部的数落。

5.1.6 高权势“言语行为”动词与形式动词连用

“表扬”类动词大都能与形式动词连用，“批评”类动词除口语色彩较强的“数落、训、说”外，还可以与形式动词连用。例如：

（57）侯专员对咱们这次行动的成功大加夸奖。

（58）省委项书记再次点名对小王进行了表扬。

（59）老师们就对他印象坏，在个别谈话或公开场合，时常对他加以责骂。

（60）柏强仍不见她回家，便拨通她的手机进行责问。

“表扬”类动词都可前加“大加”以示“表扬”的力度，如（57）。与“表扬”类动词不同的是，“批评”类动词多数可与“严加、痛加”共现，而“表扬”类动词则不能。例如：

（61a）对个别打着领导的旗号，为己谋私利的人，要严加批评教育。

（61b）*厂长对获奖青年职工严加表扬。

（62a）对于资质顽劣，不守校规的学生，他常常痛加训斥。

（62b）*对于守规矩好好学习的学生，他常常痛加夸奖。

5.2　高权势“心理”动词

“心理”动词中，有一些只涉及心理动词的“感事”，不涉及他人，如“高兴、发愁、生气、伤心”等；有一些涉及他人，但不表示情感意义，属于认知、感觉、忘记等感知性或思维性动词；还有一些动词涉及他人，且表达一定的情感意义，是对外界刺激的肯定或否定的心理反应。卢福波（1994）把第一类叫作“感内性心理动词”；第二类叫作“感知性心理动词”；第三类叫作“感外性心理动词”。

我们注意到心理动词也有权势差异。例如：

（63a）妈妈很宠爱女儿。

（63b）*女儿很宠爱妈妈。

（64a）做父母的，不免有些偏疼小儿子。

（64b）*儿子有些偏疼母亲。

（65a）系主任是位成果颇丰的雕塑家，很受学生爱戴。

（65b）*他是位成果颇丰的学生，很受老师的爱戴。

（66a）他孝敬父母，尊敬长辈。

（66b）*父母孝敬他，长辈也尊敬他。

这类动词属于卢福波（1994）所列的“感外性心理动词”，即它们不只涉及心理动词的感事，还涉及对象，反映了社会空间人与人之间的权势关系，因此将其命名为“社会心理动词”，反映高权势者对低权势者心理活动的动词叫作“高权势‘心理’动词”；反映低权势者对高权势者心理活动的动词叫作“低权势‘心理’动词”。心理动词指的是人的心理活动，因此其施事只能由指人名词充当，我们讨论的社会评价类心理动词的对象也只能是社会中的人。例如：

（67）* 上级机关很宠爱 / 偏疼 / 欣赏下级机关。

高权势“心理”动词主要包括“钟爱、怜爱、疼爱、宠爱、宠溺、娇宠、宠幸、关怀、怜恤、怜悯、体恤、器重、赏识、欣赏②、倚重、垂爱、垂怜、垂念、俯念、宠、宠用、袒护、偏护、偏袒、偏疼、纵容”等。

5.2.1 高权势“心理”动词的社会评价差异

高权势“心理”动词都涉及情感态度，从社会评价的角度看，这些情感态度有正向褒义的情感态度，也有负向贬义的情感态度，还有一些介于二者之间：

褒义类：怜爱、疼爱、关怀、怜恤、体恤、器重、赏识、欣赏②、倚重、垂爱、垂念、垂怜、俯念。

贬义：宠溺、娇宠、宠用、袒护、偏护、偏袒、偏疼、纵容。

中性：宠爱、宠幸、宠。

5.2.2 修饰语对社会评价差异的凸显

心理情感有强弱之别，高权势“心理”动词与一般心理动词一样都可以受程度副词修饰。例如：

（68）领导非常器重刚来的小伙子。

（69）老师过于偏袒优秀生。

贬义类高权势“心理”动词常常超出正常的量，多数能与表示过量的修饰语“过分、太过、过于”等连用，而褒义类高权势“心理”动词一般不能与之共现。另外，带有主观非褒义色彩的“一味、有点儿、故意、有意”等只能与贬义类高权势“心理”动词共现，而不能与褒义类共现，如表 5-4 所示。例如：

（70）他过于宠溺自己的孩子。

（71）老师对他太过偏袒。

（72）不能对孩子一味纵容。

（73）* 他过于关怀下属。

（74）* 他过分赏识那个年轻人。

（75）* 他一味怜爱自己的孩子。

表5-4　与高权势“心理”动词共现的修饰语

高权势“心理”动词		一味	过于、过分、太过、过多	有点儿	故意、有意
褒义类	关怀、体恤、怜恤	–	–	–	–
	器重、赏识、欣赏②、倚重	–	–	–	–
	垂爱、垂念、垂怜、俯念	–	–	–	–
	怜爱、疼爱	–[1]	+	–	–
中性类	宠爱、宠幸、宠	±	+	±	±
贬义类	宠溺、娇宠、宠用、偏疼	+	+	+	–
	袒护、偏护、偏袒、纵容	+	+	+	+

5.2.3　社会评价对高权势“心理”动词句法的影响

“宠爱”类动词中“袒护”等动词的贬义评价最强，“关怀”“器重”类褒义色彩最强。从“器重”等动词到“袒护”等动词是一个褒义色彩逐渐减弱的连续统：

器重、赏识、欣赏②、倚重、关怀、体恤、怜恤 > 怜爱、疼爱 > 宠爱、宠幸、宠 > 宠溺、娇宠、宠用、偏疼 > 袒护、偏护、偏袒、纵容。

一般来说，高权势社会评价类心理动词越靠近褒义一侧，越容易重叠。这类动词中，能重叠的主要有“关怀、体恤、怜恤、宠幸、宠、疼爱”等。例如：

（76）你就体恤体恤兄弟吧。

（77）卢卡斯小姐，您就怜恤怜恤她老人家吧。

（78）我们需要好好关怀关怀那些留守儿童了。

（79）您就我这么一个女儿，能不能疼爱疼爱我？

（80）女人被宠一下也不是过分的。我要好好地宠宠她。

李运龙（1993）、王希杰、华玉明（1991）也发现动词本身的褒贬色彩会影响其重叠的能力。动词重叠一般被认为具有“尝试”义（赵元任，1979；吕叔湘，1980；朱德熙，1982；刘月华，1983；王力，1985）。一个人“尝试”做的事情一般是他希望做的事情，而人们希望做的事情一般都具有正向社会评

[1] 此处排除非现实句、否定句。

价，反映在动词上便是“褒义词”。

但只就“社会评价心理动词”而言,“褒义”动词倾向于可重叠的说法是不严谨的，低权势“社会评价心理动词”即使为褒义也很难重叠。例如：

（81）* 你尊敬尊敬老师。

（82）* 你崇拜崇拜英雄。

5.2.4 高权势“心理”动词对特殊句式的选择

高权势“心理”动词多数能进入“被”字句，如“钟爱、怜爱、疼爱、宠爱、宠幸、娇宠、宠溺、关怀、怜悯、垂爱、纵容、宽纵、器重、赏识、欣赏②、倚重”等，除“纵容、娇宠、宠溺”外，都不能进入“把”字句。例如：

（83a）涵丽死后仍然被人怜爱着。

（83b）* 人们仍然把涵丽怜爱着。

（84a）王至道首次地感到原来自己被这么多人关怀着。

（84b）* 这么多人把王至道关怀着。

（85a）她不希望被怜悯。

（85b）* 她不希望人们把她怜悯。

（86a）他很被领导器重。

（86b）* 领导很把他器重。

“纵容、娇宠、宠溺”等动词后加补语之后，可进入“把”字句。例如：

（87）奶奶把他们纵容坏了。

（88）这个孩子，吃软不吃硬，起小就把他娇宠坏了。

（89）他把几个女儿宠溺得无法无天。

书面语色彩较强的“怜恤、体恤、垂怜、垂念、俯念、宠用、偏袒、偏护、偏疼”一般既不能进入“把”字句，也不能进入“被”字句。例如：

（90）* 他把部下很怜恤。

（91）* 部下被他很怜恤。

（92）* 老师把他偏袒。

（93）* 他被老师偏袒。

5.2.5“垂爱”类动词体现的交互主观性

在交际中，言者一般是行为主体，但听者的地位也不能忽视。强烈地聚焦于听者的语言形式，是语言主观性的体现，这种主观性被称为“交互主观性”。“交互主观性”是指说/写者用明确的语言形式表达对听/读者的关注，这种关注可以体现在认识意义上，即关注听/读者对命题内容的态度；但更多地体现在社会意义上，即关注听/读者的“面子”或“形象需要”。（Traugott，1999，转引自吴福祥，2004）

“垂爱、垂怜、垂念、俯念”等心理动词多为敬辞。“敬辞”是指含恭敬口吻的用语，即在使用“垂爱”等动词时，说话人特别关注听话人的“面子”，即这类动词更多地体现了交互主观性。以“垂爱”和“俯念”为例，《现代汉语词典》的解释为：

垂爱：（书）敬辞，称对方（多指长辈或上级）对自己的怜爱或同情。

俯念：敬辞，是指对方或上级体念。

“垂爱”类动词多在对话语体中使用，句子主语和言者主语常常不是一个。例如：

（94a）师兄多年垂爱小妹，小妹不胜感激。

（95a）十二名黄衣剑手也一齐躬身施礼道：“多谢颜相公垂念。”

（96a）月勾感激道：“多亏主人垂怜，我才得以……”

（97a）此事事关儿子声誉，还求母亲俯念才好。

（94a）中，“垂爱”的主语为“师兄”，言者主语却不能是“师兄”，而只能是“小妹”。（95a）～（97a）也是如此，句中“垂怜”“垂念”“俯念”的主语和言者主语不能合一，即它们的主语不能是第一人称。例如：

（94b）* 师兄道：“我多年垂爱小妹……”

（95b）* 颜相公道“我垂念这些黄衣剑手……”

（96b）* 主人道：“我垂怜你……”

（97b）* 此事事关儿子声誉，我会俯念你……

马庆株（1997）把这类动词称为“第二人称动词”，主要考虑的应该是它们不能由第一人称作主语，上述（94a）～（97a）中都隐含了“您”。例如：

（94c）师兄<u>您</u>多年垂爱小妹，小妹不胜感激。

（95c）十二名黄衣剑手也一齐躬身施礼道："多谢颜相公您垂念。"

（96c）此事事关儿子声誉，还求母亲您俯念才好。

不过这类动词并不限于第二人称，如（94c），既可以理解为隐含了"您"，也可以理解为隐含了"他"。例如：

（97c）月勾感激道："多亏您主人垂怜，我才得以……"

（97d）月勾道："多亏主人他垂怜，我才得以……"

当隐含成分为"您"时，听话人为"主人"，句子凸显说话人对听话人的重视，即句子具有交互主观性；当隐含成分为"他"时，听话人则为除了说话人和"主人"的第三方，此时，句子主要凸显说话人的主观性，而非交互主观性。

交互主观性派生于主观性并以后者为蕴涵，即一种语言形式如果具有交互主观性，那么也一定具有主观性（吴福祥，2004）。"垂爱"类动词除了凸显对句子主语即听话者的重视外，还隐含了言者主语对"垂爱"所涉及事件的肯定评价。例如：

（98a）纪晓岚又蒙乾隆皇帝垂爱和朝中大臣的保举，晋升为左春坊左庶子。

（98b）*纪晓岚又蒙乾隆皇帝垂爱，降为左春坊左庶子。

（99a）裴大人，宇文一家老少，可都指望着你，还请裴大人垂怜。

（99b）*裴大人，宇文一家老少，都不指望着你，还请裴大人垂怜。

（100a）卫前辈，尚请俯念在下处境，多予成全。

（100b）*卫前辈，尚请俯念在下处境，千万不要成全。

（101a）能得楚大哥垂念是我们的荣幸。

（101b）*能得楚大哥垂念是我们的悲哀。

（98a）中"晋升"一般为人们希望发生的事情，而"降"则相反，因此（98b）不成立；（99）"指望你"做的事情和希望对方成全的事情也必定是说话人期望发生的事情，而"不指望"则是消极的，一般不是说话人期望发生的；（101）中被"垂念"是"荣幸"的事情，因此对它的定性不能是"悲哀"。

5.3 小结

高权势“言语行为”动词主要有“表扬”类、“批评”类和“审讯”类。三者对评价对象的态度不同，对共现成分的选择也有差异，语法表现也有不同。

在对数量短语的选择上，“表扬”类多与“一番”共现，一般不与“一顿”“一通”连用；“批评”类与“一顿”“一通”共现的比例更高，与“一番”共现时常有特殊的语用效果。社会评价类动词的语义强度对修饰语的选择、句式的选用都起着重要作用。高权势“言语行为”动词进入“被”字句的能力较强，社会评价越消极，作“遭到”等宾语的可能性越高。除“讲话”类外，一般都能进入“把”字句。高权势“言语行为”动词与形式动词共现和强制度以及社会积极或消极评价也有关。

高权势“心理”类动词的施事和对象都由指人名词充当，语法表现也与积极或消极评价有关，“积极”类社会评价心理动词都不能与“一味、过于、有点儿、故意”等修饰语共现；“消极”类一般不能重叠。另外，“垂爱”类动词表现出了较强的主观交互性特征。高权势心理类动词大都不能进入“把”字句，而能进入“被”字句，但书面色彩较强的动词进入“被”字句的能力较差。

第6章 低权势“位移”动词

低权势位移类动词具有社会空间[+上向]特征，这种“上向”主要源于高权势者与低权势者之间的社会空间权势差异，低权势者对高权势者的动作可隐喻为物理空间低处向高处的动作，即“上向”。低权势者对高权势者的动作有的凸显位移，如“呈递”“上访”等，还有的词语内含位移义，但需要语境激活，如“拜见”“参拜”等；有的不凸显位移，如“尊敬”“控诉”等。

凸显位移的低权势动词主要有低权势“上向”位移动词、低权势“施与”类位移动词、低权势“获取”类位移动词、低权势“朝向目标”类动词。低权势“位移”动词方向性特征主要通过趋向动词和表示方向的介词凸显。

6.1 低权势“位移”动词及动作参与者

6.1.1 低权势“施与”类位移动词及动作参与者

低权势“施与”类位移动词主要有：

报呈、呈报、呈递、呈交、呈览、呈送、呈献、呈阅、递交、面呈、上书、送检、抄报、抄送、纳粮、纳税、上缴、上交、上税、奉①、奉献、缴①、缴纳、缴械、进献、敬献、献策、献花、献媚、献身、献殷勤、敬③、敬烟、敬酒、敬茶、孝敬②、效劳、效力、效死、效忠、交差

低权势“施与”类位移动词的施事即位移的起点低权势者既可以由指人名词充当，也可以由机构名词充当，与高权势动词相比，只能由“指人名词”充当施事的比例较高，如“呈阅、面呈、上书、奉献、缴械、敬献、献策、献花、献媚、献身、敬③、敬烟、敬酒、敬茶、孝敬②、效劳、效死、交差”等。例如：

(1a)调查人员及时把调查报告呈阅给领导。

(1b)*我们单位及时把调查报告呈阅给领导。

(2a)人民银行职工中先后有一百三十八人上书经理，要求免领双薪。

（2b）*人民银行上书经理，要求免领双薪。

（3a）我市社会科学界的专家教授就相关的问题纷纷建言献策。

（3b）*我市机关纷纷建言献策。

（4a）孩子们纷纷起立向长辈敬酒。

（4b）*下级机关向上级机关敬酒。

低权势“施与”类位移动词的高权势者，既可以由指人名词充当，也可以由机构名词充当，其中“敬③、敬酒、敬烟、敬茶、孝敬②、效劳、献媚”等只能由指人名词充当。例如：

（5a）我带了瓶五粮液，特来孝敬爸爸。

（5b）*有人孝敬了学校一笔钱。

（6a）如不主动向主子献媚，他就没有安全感。

（6b）*如不主动向公安局献媚，他就没有安全感。

“敬③、敬酒、敬烟、敬茶”等的高权势者与低权势者如果是“上下级”关系，二者位置可以互换。例如：

（7a）下面的员工纷纷向老板敬酒。

（7b）老板向员工敬酒。

但如果“NP 高”和“NP 低”是长辈和晚辈关系，二者不能互换位置。例如：

（8a）孙子向爷爷敬酒。

（8b）*爷爷向孙子敬酒。

“施与”类位移动词的另一参与者位移物可以是实物，也可以是抽象事物，如“献”类动词中的“奉献”。例如：

（9）他为教育事业奉献了自己的青春。

（10）他到死都想着为国家作贡献，首倡奉献遗体。

6.1.2 低权势“获取”类位移动词及动作参与者

低权势“获取”类位移动词包含“获取”和“上向”两个方向，包括“篡、篡夺、篡权、篡位、夺权、窃国；承袭、继承”等。

低权势“获取”类位移动词的高权势者即位移终点一般为指人名词，起点也为指人名词。低权势或趋向动词多为二价动词，除“继承”的位移体既可为抽象名词，也可为具体事物外，其他低权势或趋向动词的位移体一般都为抽象名词。例如：

（11）我们要继承先辈的光荣传统。

（12）他继承了父亲留下的一套房子。

（13）朱棣篡夺了侄儿建文皇帝的皇位。

（14）* 朱棣篡夺了侄儿建文帝的房子。

低权势“获取”类位移动词涉及的高权势者常以定语的方式在句中出现，如（11）中的位移体“传统”为抽象名词，位移起点高权势者“先辈”以位移体的定语身份出现在句中。（12）中的位移体为具体事物“房子”，高权势者“父亲”也是以定语的身份出现在位移体之前。（14）中位移体为具体事物，不能作“篡夺”的宾语。

6.1.3　低权势“朝向目标向”类动词及动作参与者

低权势“朝向目标向”动词主要有“拜见、参见、参谒、进见、觐见、晋见、晋谒、叩见、朝拜、参拜、朝见、朝觐、投靠、投奔、投师”等。

“朝向目标向”的施事一般是指人名词，朝向的对象即“目标”除“参谒”和“朝觐”外，也都是指人名词。例如：

（15a）明天他要第一次去拜见岳父母。

（15b）* 明天他要去拜见学校。

“参谒”和“朝觐”的对象一般是比较神圣的场所，“朝觐”的对象还可以是帝王或宗教最高领袖。例如：

（16）我不是装扮雅兴朝觐文学圣地而来。

（17）这次老人和他的儿子随着单于朝觐天子。

（18）丰子恺去泉州开元寺参谒弘一法师圆寂处。

（16）中的“朝觐”对象是“文学圣地”；（17）中的“朝觐”对象为最高统治者“天子”；（18）中的“弘一法师圆寂处”是宗教圣地。这些处所和人都由于具有特殊的政治或宗教地位而具有高权势色彩。

6.1.4　低权势“上向”动词及动作参与者

低权势“上向”动词都是自移动动词，涉及的动作参与者只能是指人名词，例如：

（19）张慧光带着村民到乡政府上访。

（20）他平日喜欢攀附权贵。

“上访”是一价动词，“上访”的施事即低权势者为指人名词，对象不以论元身份出现在句中，而是以介词宾语的方式出现，如（19）中的“到乡政府”。“攀附”类动词的施事及低权势者为位移体，同时也是位移起点，如（20）中的“他”，“攀附”的对象“权贵”为高权势者，同时也是位移终点。

6.2 低权势“位移”动词方向的凸显

6.2.1 低权势“位移”动词与趋向动词的匹配

能与趋向动词共现的低权势“位移”动词只有“施与”类和“获取”类。

与高权势“施与”类、“获取”类动词相比，低权势“施与”类、“获取”类的受事由低权势者向高权势者转移，受事为位移体，低权势者为位移起点，高权势者为位移终点，受事的所有权由低权势者向高权势者转移。

一般来说，高权势“施与”类动词可用“下来、下去”共现，凸显其社会空间的“下向”位移特征；低权势“施与”类动词一般能用“上来、上去”共现，凸显社会空间的“上向”特征，不能相反。例如：

（21a）快把礼品呈递上来。

（21b）*快把礼品呈递下来。

（22a）他把信件呈递上去。

（22b）*他把信件呈递下去。

（23a）学费已经按时交纳上去了。

（23b）*学费已经按时交纳下去了。

（24a）渔民把采来的珍珠给地方长官献了上去。

（24b）*渔民把采来的珍珠给地方长官献了下去。

趋向动词只是位移特征凸显的手段之一，有相当一部分低权势“施与”类动词不能与趋向动词共现，如“上供、贿赂、行贿、贡献、供奉、上缴、敬③”等。例如：

（25）*这些供品给祖先上供上去/来。

（26）*下级向他贿赂上去很多财务。

（27）* 公司已经把税款上缴上去 / 来了。

低权势“施与”类动词与趋向动词的匹配情况如表 6-1 所示。

表6-1　低权势“施与”类动词与趋向动词的匹配

低权势“施与”类动词	上来	上去	下来	下去
上供	-	-	-	-
贿赂	-	-	-	-
行贿	-	-	-	-
呈递	+	+	-	-
贡献①	-	-	-	-
贡奉	-	-	-	-
供奉	-	-	-	-
交	+	+	-	-
交纳	+	-？	-	-
呈	+	+	-	-
呈送	+	+	-	-
递交	+	+	-	-
提交	+	+	-	-
缴②	-	+	-	-
上缴	-	-	-	-
上交	+	+	-	-
缴纳	+	+	-	-
献	+	+	-	-
奉献	+	-	-	-
敬	-	-	-	-
敬献	+	-	-	-
孝敬	+	-	-	-

“获取”义动词与趋向动词共现的比例较低，高权势“获取”义动词只能与“下来”“上来”共现，而低权势“获取”类动词中除“继承、承袭”可与趋

向动词连用“下来”“下去”共现外，其他都不能与趋向动词共现。例如：

（28）祖上留下的房子被他继承下来。

（29）秦的制度部分被汉承袭下来。

（30）* 一眨眼工夫布波就从米小米手里的领导权“篡夺”下来了。

“篡、篡夺、篡权、篡位、夺权、窃国”等具有“强制”特征，社会空间低权势动词义“被动、服从”义为无标记项，“强制”义为有标记项，有标记项的句法表现不同于无标记项，如表6-2所示。

表6-2 低权势“获取”类动词与趋向动词的匹配

低权势“获取”类动词	上来	上去	下来	下去
篡夺	-	-	-	-
篡权	-	-	-	-
篡位	-	-	-	-
篡国	-	-	-	-
夺权	-	-	-	-
继承	-	-	+	+
承袭	-	-	+	-

6.2.2 介词对低权势“位移”动词方向的凸显

6.2.2.1 社会评价与“对”和“向”的选择

使用介词介引与事，是社会空间权势动词凸显社会空间方向的手段之一。高权势“施与”类动词”与“获取”类”动词常由“对”引入低权势者，为凸显礼貌也可用“向”引入；而低权势“施与”类动词以由“向”引入高权势者为常。例如：

（31a）他向领导递交了辞职报告。

（31b）* 他对领导递交了辞职报告。

（32a）这位年轻人说要亲自向拿破仑呈交一份请愿书。

（32b）* 这位年轻人说要亲自对拿破仑呈交一份请愿书。

（33）* 王莽对 / 向汉平帝篡夺了政权。

低权势“施与”类动词涉及的高权势者用“向”引入还是用“对”引入有时还与动词中内涵的社会评价有关。如表 6-3 所示。在社会评价为负面的事件中，低权势“施与”类动词动作的涉及者即使权势较高，也可不被视为高权势者，而用“对”来引入，如“行贿”和“贿赂”。例如：

（34a）辽国使臣萧孝穆为了要回兴州，向朝中主要大臣贿赂了一大笔钱。

（34b）辽国使臣萧孝穆为了要回兴州，对朝中主要大臣大肆贿赂。

（35a）他知道这个时候的北美社会，商人向政治人物行贿非常普遍。

（35b）他知道这个时候的北美社会，商人对政治人物行贿非常普遍。

如果凸显其高权势特征，说话人就选用“向”，如（34a）和（35a）；凸显其社会评价的负面特征，则选用“对”，如（34b）和（35b）。

表6-3　低权势“施与”类动词”与“向”“对”的共现

介词	缴①	上缴	上交	交纳	缴纳	递交	提交	呈交	呈递	呈送	贡奉	贡献	奉①	敬③	孝敬②	贿赂	行贿	上供	献	献花	敬献	敬奉	敬烟	敬酒
向	+	+	+	+	+	+	+	+	+	+	+	+	+	+	+	+	+	−	+	+	+	+	+	+
对	−	−	−	−	−	−	−	−	−	−	−	−	−	−	−	+	+	−	−	−	−	−	−	−

6.2.2.2 “从”对高权势者的引入

低权势“获取”类动词不能用“向”或“对”引入高权势者，只能用“从”引入，凸显位移物位移起点，高权势者一般以处所词的定语形式出现，如表 6-4 所示。例如：

（36a）朱棣从建文帝手中篡夺了皇位。

（36b）* 朱棣向 / 对建文帝手中篡夺了皇位。

（37a）他从父亲那里继承了遗产。

（37b）* 他向 / 对父亲继承了遗产。

（38a）中世纪律师从罗马人那里承袭了“法人”概念。

（38b）* 中世纪律师对 / 向罗马人那里承袭了“法人”概念。

表6-4 “获取”类”低权势动词与介词共现

介词	篡	篡夺	篡权	篡位	夺权	窃国	继承	承袭
向	-	-	-	-	-	-	-	-
对	-	-	-	-	-	-	-	-
从	+	+	+	-	+	-	+	+

6.2.2.3 低权势“位移”动词位移特征的其他凸显方式

低权势“朝向目标向”动词、低权势“上向位移”动词都是自移动动词，低权势者既是动力源，又是位移体，位移的终点为高权势者。

低权势“朝向目标向”动词和低权势“上向”位移动词一般都不能用趋向动词和介词凸显位移。例如：

（39）* 我一定亲自拜见您上来。

（40）* 我一定要亲自向您拜见。

（41）* 失地农民到市政府上访上去了。

（42）* 张家向王家高攀上来。

（一）低权势“朝向目标”类动词位移的凸显方式

内含于低权势“朝向目标向”类动词的运动方向，需要与其他位移动词共现才能被激活，常见的共现词语有“去、来、到、前去、前来”等，低权势“朝向目标向”位移动词常置于这类动词后面构成连动式。例如：

（43）南京市各界人士三十多人今天上午冒雨前来参谒中山陵。

（44）她自己准备了一些东西，不辞劳苦亲自到三坪去朝拜“祖师公”。

（45）林松年先生十多岁的时候到菲律宾投靠叔叔林健民先生。

（46）刘艳民随妈妈先去东北投奔了大伯。

（47）伊云梅从乡下进城投师李炳炎门下学医。

低权势动词“朝向目标向”动词运动方向的凸显不同于高权势“朝向目标

向”位移动词，高权势“朝向目标向”一般不能前加“去、来、前来、前去”等动词构成连动式。例如：

（48）日本驻华大使前来拜见中国外交部部长。

（49）我前去参见大头领。

（50）* 外交部副部长紧急前去约见日本驻华大使。

低权势“朝向目标向”动词为自移位动词，即动力源和位移体都是同一事物；而高权势“朝向目标向”为致使移位动词，动力源和位移体并非同一事物。动词前加“去、前去”等动词后组成连动式，连动式两个动词的施事为同一施事者，如（48）中的“前来”和“拜见”的施事都是“日本驻华大使”。而（50）中“约见”的动力源“约”的施事“外交部副部长”，位移体为“见”的施事“日本驻华大使”，“约见”的意义为“外交部副部长”约“日本驻华大使”，使“日本驻华大使”来见，因此，高权势“朝向目标向”位移动词都不能进入连动式中。

（二）低权势“上向”自移动动词的位移的凸显方式

低权势上向位移动词有的涉及物理空间位移，有的只涉及社会空间位移。“上访”“上行③”都涉及物理空间位移与社会空间位移。《现代汉语词典》对它们的解释为：

上访：人民群众到上级机关反映问题并要求解决。

上行：③公文由下级送往上级。

“上访”动作涉及位移体和位移终点，位移终点一般为高权势者所在的处所，可用“到”引入，有时也用“去、进、上”等位移动词引入。

有时不凸显位移，只凸显动作发生的处所，一般用“在”来介引。

“上访”等动词位移终点一般为政府或政府所在地，政府机构对于个体的人来说，一般具有绝对高权势。

“高攀”“攀附”等动词都凸显社会空间位移者，即低权势者的上向位移，“高攀”等的对象一般在权力、财富或影响力方面相对较强势的一方。例如：

（51）有的女孩子，一生的最大愿望就是高攀上富豪子弟。

（52）柯某的儿子一直在京中攀附权贵。

（51）中的“富家子弟”和（52）中的“权贵”都是相对的高权势者，低权势者“攀附、高攀”的动作都表示动作者上向的位移。

6.3 低权势“位移”动词对特殊句式的选择

6.3.1 低权势“施与”类动词对特殊句式的选择

低权势“施与”类动词能进入“把”字句的占69%，能进入“被”字句的占30%，如表6-5所示。

表6-5 低权势“施与”类动词进入“把”字句与“被”字句的情况

特殊句式	缴①	上缴	上交	交纳	缴纳	递交	提交	呈交	呈递	呈送	供奉	贡献	奉	敬③	孝敬②	敬酒	敬茶	上供	献	敬献	敬奉	贿赂	行贿
『把』字句	+	+	+	−	−	+	+	+	+	+	+	+	+	−	−	−	−	+	+	+	+	+	−
『被』字句	−	−	+	−	−	+	+	+	+	+	−	−	−	−	−	−	−	−	−	−	−	+	−

低权势“施与”类动词进入“把”字句的能力强于进入“被”字句的能力。“把”字句凸显位移，凸显受事的被处置性。“施与”类动词正符合这两个条件，“受事”在施事的作用下，发生了由“施事”向“与事”的转移。例如：

（53）他把收到的礼物上交国库。

（54）他把辞职报告呈递给了上级。

不能进入“把”字句的“缴纳、交纳”书面语色彩较强；“敬③、孝敬②”凸显施事的态度，不凸显对受事的处置，动作性较弱，不能进入“把”字句。“敬茶、敬酒”的动作“敬”和受事的由于发生了概念整合，词汇化为一个述宾结构的动词，成为一价动词不能再带宾语，因此也不能进入“把”字句。“被”字句凸显受事的被处置，不能进入“把”字句的动词一般都不能进入“被”字句。并且“被”字句的核心语义为凸显“不如意”，因此“表敬”特征明显带有“敬”“献”等构词成分的动词都很难进入“被”字句。例如：

（55a）刚过门的媳妇要向公婆敬茶。

（55b）＊刚过门的媳妇要把公婆敬茶。

（55c）＊公婆要被刚过门的媳妇敬茶。

（56a）他把青春献给了国家。

（56b）＊青春被他献给了国家。

6.3.2　低权势“获取”类动词对特殊句式的选择

低权势“获取”类”动词能进入“把”字句只有“继承”，约14%，而能进入“被”字句的几乎为100%。如表6-6所示。

表6-6　低权势“获取”类动词进入“把”字句与“被”字句的情况

特殊句式	篡	篡夺	篡权	篡位	窃国	承袭	继承	占比
“把”字句	−	−	−	−	−	−	+	14%
“被”字句	+	+	+	+	?	+	+	100%

“继承”凸显受事的位移，位移体既可以是实体，也可以是抽象事物，动作性相对较强。例如：

（57）爸妈只希望他能好好把家业继承下去，好好生活。

（58）这座世界上最早的皇家园林却被西汉的帝王们所继承下来。

（59）我的父亲是一个贵族。不过他的爵位被我哥哥继承了。

（60）我们这一代领导人应把这一优良传统继承下来。

“篡夺”等动词与“承袭”受事多为“权力、精神”，抽象程度非常高，因此动词的动作性更低，很难进入“把”字句。例如：

（61）＊王莽把国家政权篡夺了。

（62）＊他把父亲的爵位承袭了。

低权势“获取”类动词都能进入“被”字句，尤其是“篡夺”类动词的语义特征与“被”字句的“不如意”句式义相吻合，很容易进入“被”字句。例如：

（63）国家政权被王莽篡夺了。

（64）要是自己一去半年，回来只怕已经被篡位了。

(65)曹洪被曹丕夺权。

6.3.3 低权势“自移动”动词对特殊句式的选择

自移位事件涉及的动作参与者只有施事，而无受事，因此一般很难进入“把”字句和“被”字句，低权势“朝向目标”类动词和低权势“上向”位移动词都是自移位动词，因此都不能进入“把”字句和“被”字句。例如：

(66a)*我去把老师拜见。

(66b)*老师被我拜见。

(67a)*他去把亲戚投奔。

(67b)*亲戚被他投奔。

原型受事具有“变化性、渐成性、受动性、静态性、附庸性”等特征（Dowty, 1991，转引自张伯江, 2009），而（66）中的“老师”、(67）中的“亲戚”都不具备原型受事的大部分特征，无“变化性、渐成性、受动性、附庸性”，它们是动作朝向的目标或运动的终点，而不是受事。“把”字句和“被”字句都要求动词具有较强的及物性特征，低权势“朝向目标向”无受事，因此不能进入“把”字句和“被”字句。

高权势“朝向目标向”动词动作的对象则不同，它们受事性特征更强，因此都可进入“被”字句，有些还能进入“把”字句。例如：

(68)9月13日，迈尔斯上将被三军委员会约见。

(69)最后接触柯泽生的叶义全被派出所传唤去了。

(70)派出所把最后接触柯泽生的叶义全传唤去了。

高权势“朝向目标向”动词都有使动义，如（68）的意义为“三军委员会”约“迈尔斯”，使“迈尔斯”来见。“迈尔斯”受动性、附庸性意味明显，具有更多的受事特征，或者说，高权势“朝向目标向”动词比低权势“朝向目标向”动词对动作对象的影响性更强，因此能够进入“把”字句和“被”字句。

6.4 低权势“接受、服从”类动词

“接受”和“服从”不是典型的位移动词，但可看作对高权势者施力的反应，即非逆向的顺势方向，具有被动特征，因此放到本章来讨论。

同样一个事件或动作，从高权势者的角度观察为高权势动词代表的事件，从低权势者的角度观察则得到一个低权势动词表示的事件。大多数情况下，二者呈现出一种大致的对应关系。但这种对应并不是简单的一一对应，二者之间会有一定的交叉，还会有一些与传统分类不同的地方。例如高权势“派出”类动词“命令”为高权势者对低权势者的动作，而相应的低权势者对同一事件的反应即可能用“奉命、受命、遵命、奉令”等来表示，也可以用“服从命令”“执行命令”来表示，它们凸显的侧面有所差异。再如，“服从”可对应高权势“派出”类动词，也可对应高权势“控制”类动词。

“接受、服从”类动词可分为“接受”类动词和“服从”类动词两类。

6.4.1 低权势“接受”类动词及其句法表现

“接受”类动词主要涵盖两大类，一类是与“命令”类动词相对应的低权势“奉命”类动词；另一类是与“管理”类相对应的低权势“受罚”类动词。

“命令”指的是“上级对下级有所指示”，与之相对应的“奉命”类动词在形式上有一定标记，其特点是在“命令”的构词成分“命”或“令”前加表示“接受”义的语素“奉、受”等，这类语素有改变动词权势特征的作用。

“奉命”类主要有“奉命、奉令、奉使、奉旨、受命、遵命”等，不太典型的还有“受权、辱命、待命”等。

“受罚”类动词也是在高权势动词的某一语素前加一个改变权势色彩的语素构成，这类语素除了“受”之外，“认”也有改变权势色彩的作用，如“受罚、认罚、认缴”等。“受罚”类动词主要有“认罚、认缴、受罚、受检、受奖、受赏、受审、受业、受训[1]、受阅”。

6.4.1.1 “奉命”类动词对特殊句式的选择

“奉命”类动词相对应的高权势动词是“命令”类动词。“命令”类动词表示高权势者强制要求低权势者必须做某事，要求低权势者做的事件在句中同现，最典型的句法特征是可以进入兼语式。而“奉命”类动词则表示低权势者接受高权势者的命令去做某事，“去做”的事情也要在句中同现。“接受命令”的与“去做某事”的是同一人，一般可以进入连动结构“NP低+VP1+VP2”，

[1] 受训：《现代汉语词典》中的释义为接受训练。

其中，VP1 是“奉命”类动词，VP2 是“奉命”来要做的事。例如：

（71）法国舰队奉命开入老港口。

（72）老人在 1943 年夏，奉令加入了中国航空公司。

（73）苏辙奉使到辽朝。

（74）清军奉旨加造大船。

（75）成吉思汗在六盘山下病逝，拖雷受命“监国”。

（76）在赏银的诱惑下六营将士人人用命。

（77）围攻竺迪罗的武上遵命住手。[1]

（71）中接受命令的是“法国舰队”，“开入老港口”的施事也是“法国舰队”。连动式体现了时间相似性原则，如（71）中法国舰队“接受命令”与“开入老港口”二者有时间上的先后和事理上的因果关系。

“奉命”类动词及物性较低，语法表现相对单一，它们常出现于连动结构中，没有受事成分，因此一般不能进入“把”字句和“被”字句，也不能与形式动词连用。例如：

（78）* 我把大王的命受。

（79）* 大王的命令被我奉……

（80）* 战士们进行 / 予以遵命。

从形式上看，“受权”与“受罚”类动词类似，但从意义上看，“受权”指的是“接受委托，有权力做某事”，更接近“奉命”类动词，主动特征较强，“受权”的语法表现也与“奉命”类动词接近，可以进入连动式，由此可见，语义对语法特征的影响，语义接近，语法特征也相近。例如：

（81）我们受权向他开火。

（82）军队受权在此地重建主权。

6.4.1.2　“奉命”类动词的主观性与否定式

“奉命”类动词一般不用“不”否定，只能用“没”否定。与“奉命”类动词相对应的高权势动词一般是“命令”类动词，这类动词具有强制性，“命令”的发出者一般具有较高的社会地位，对“命令”的接受者具有较高的支配

[1] “遵命”多用于对话中的应答语。

权，按一般的社会预期，命令的接受者应该服从。“不”否定主观意愿，“没”否定客观事实，因此，“不”一般不能否定高强制行的“命令”类动词。例如：

（83a）各地的官府没有奉命停止办公。

（83b）*各地官府不奉命停止办公。

（84a）有个新战士的父亲是列车长，也想让儿子当上驾驶员，请福州部队炮兵一位领导干部打电话给张建功，张建功没有遵命。

（84b）*张建功不遵命。

如果用“不”，则只能用于非现实句中，或用“拒不”来否定。例如：

（85）大将军既有此意，陶谦敢不奉命！

（86）洞中近来人数越少，下层禁地不奉命不许走动。

（87）她很可能会拒不受命。

（88）老太太有话，只管吩咐，儿子怎敢不遵命呢？

6.4.1.3　“奉命”类动词的施事主语

“奉命”类动词一般书面语色彩较强，多是经过概念整合词汇化得来，如“奉命、奉令”源于“奉命令”；“受命”源于“接受命令”；“遵命”源于“遵从命令”。

“奉命”类动词涉及的动作参与者有“命令者”“受命者”，“受命者”可以是人，如（84）、（85）；也可以是机构或组织，如（83a）。“命令者”一般不出现，如果需要引进“命令者”，则需用打破词汇化的词语，在后一语素前以定语的身份出现，这类定语比较特殊，属于施事定语，而它所修饰的成分“命令/令”则具有较强的“事件/动作”特征，是动名兼类词。例如：

（89）我这次来，是奉了青阳王的命令。

（90）拉波特受查理一世之令暂留英国。

（89）中的“青阳王”和（90）中的“查理一世”在句中都作定语，但它们都是动词动作的施事。

6.4.1.4　“受奖、受罚”类动词对特殊句式的选择

“受奖、受罚”类动词的“被动”特征明显，主语都是低权势者，相应地，高权势者一般是语篇中的信息，在句中不出现。例如：

（91）东主既然相信外人之言，属下只有认罚以明心迹。

(92)炮兵连长两次立功受奖。

(93)黄某首先在丹东法院受审。

“受奖、受罚”类动词的语法表现也不丰富，不能进入“把”字句和“被”字句，也不能作形式动词的宾语。例如：

(94)*把他受罚了。

(95)*他被受罚了。

(96)*对他进行/给予/予以了受罚。

(97)*对他进行/给予/加以/予以受奖。

6.4.1.5 “受罚”类动词的主观性与修饰语

“受罚”类动词常与表情态的成分共现，共现成分凸显“受罚”类动词的主观性特征，如“认罚、认缴、受罚、受奖”等动词常与“情愿、甘愿、愿意、只好、甘心、情愿、理应、只得、只好、不得不”等。例如：

(98)我情愿认罚。

(99)我一时想不出来，只好认罚。

(100)一个官员犯了错误，然后坦白自己的错误，甘愿认罚。

(101)……各省才认真认缴摊派费用。

(102)弟子甘愿受罚。

(103)你成绩突出，理应受奖。

“受审、受训、受阅”等动词一般不与主观性较强的修饰语共现，但这几个动词表示的事件常与一些场所有关，因此句中常出现处所名词。例如：

(104)张某首个出庭受审。

(105)组织上安排我去莫斯科受训。

(106)十八万兵马明日一早在朱雀门外受阅。

6.4.2 “服从”类动词及其句法表现

“服从”类动词既可对应“派出”类动词、“使令”类动词，也可对应“社会管理”类动词。例如“服从”既可能是对“命令”的服从，也可能是对“管理”的服从。这类动词多数内涵“遵、从、随”等构词语素，主要有两类：

A：执行、遵照、遵行、遵从、效法、学习、追随、服从

B：就教、师承、从师、师从、师法、师事、随从、顺从

“服从”类动词共有的特征是“非主导”性，即这些动作或行为的施事（或主语）在“命令/管理—服从”事件中不占主导地位，处于从属性的地位。例如：

（107）我服从组织的安排。

（108）作为军人的我们，要绝对服从上级的命令。

（107）中“组织”是高权势者，在“命令/管理—服从”事件中占据主导地位，即“组织”的“安排”是一种强制性的，“我”则只能处于接受并服从的地位，对整个事件缺乏主导权。

6.4.2.1 “服从”类动作的参与者

“服从”类动词的主语一般是指人名词，对象既可以是人，也可以是组织，还可以是抽象的“思想、法规”等名词，其中A类多数可加“思想、法规”等抽象名词宾语；B类多数可加指人名词宾语。例如A类：

（109）他们表示将坚决遵从各部首长和各界代表的指示。

（110）所有会员国必须遵行法院的判决。

（111）我们坚决执行中央交给的任务。

A类中的抽象名词一般是具有权力特征的“命令、判决、指示”等。

B类中的指人名词以社会评价中的“高权势者”居多，例如：

（112）黄宗羲早年师事刘宗周先生。

（113）马季师承于侯宝林先生。

（114）他先从师于一位高手，学习空手道等技艺。

（115）董芳师从上海音乐学院教授、男高音歌唱家宋波。

B类动词中的“高权势”者的社会评价标记主要表现在它们的修饰语或同位语成分上，如（112）、（113）中的“先生”；（114）中的“高手”本来就具有“高评价”色彩；（115）中名词前的修饰语“教授、歌唱家”等也凸显了社会高评价特征。

A类中的“效法、学习、追随”既可加抽象名词宾语，也可加指人名词。例如：

（116）他得服从领导。

（117）我服从组织决定。

（118）我们正在学习雷锋呢。

（119）我们在学习中央文件。

B类一般只能加指人名词宾语。例如：

（120）我师承武林五先生。

（121）他师从一位法国画师学西洋画。

6.4.2.2　修饰语对"服从"强度的凸显

"服从"也有强度的差异，A类动词一般"服从"的力度较强，自主性较差，多能受"坚决、严格、无条件、认真、盲目"等主观色彩较强的词语修饰；而B类"服从"的力度较差，自主性较强。例如：

（122）无条件执行上级的命令。

（123）认真学习党的方针政策。

（124）坚决服从党的领导。

（125）有些粉丝盲目追随偶像。

（126）施工单位对业主不能盲目顺从。

（127）*坚决顺从母亲。

（128）*坚决/认真/无条件师从徐悲鸿先生。

6.4.2.3　"服从"类动词的施事定语

"服从"类动词的宾语多数为复杂宾语，宾语前常加施事定语，如（122）～（124），（122）中"命令"带有较强的"事件/动作性"，而"上级"则是"命令"的发出者；（123）中的"党"则是"方针、政策"的制定者，"党的方针政策"隐含了谓词"制定"，这个短语可理解为"党制定的方针政策"，"党"也是一个施事定语。（124）中的"党"和"领导"之间也存在施事和"动作"关系。

6.4.2.4　"服从"类动词的句法表现

"服从"类动词的语法表现比较单调，一般都不能进入"把"字句，其中A类不能进入"把"字句，但大部分能进入"被"字句。例如：

（129a）*美国把两万家企业强制执行197.08%的惩罚性税率。

（129b）两万家企业被强制执行197.08%的惩罚性税率。

（130a）*有关各方是否真把有关措施严格遵行？

（130b）有关措施是否真被有关各方严格遵行？

（131a）*人们普遍把法律具有至上权威遵从。

（131b）法律具有至上权威，被普遍遵从。

（132a）*后来人们都把周某那些改革良措普遍效法。

（132b）周某当初被嘲讽的那些改革良措，后来都被普遍效法。

B类则既不能进入"把"字句，也不能进入"被"字句。例如：

（133a）*他把徐悲鸿师从学习绘画。

（133b）*徐悲鸿被他师从。

（134a）*她把母亲顺从。

（134b）*母亲被孩子完全顺从。

部分"服从"类动词可进入"NP低+VP1+VP高+VP2"连动式，如"遵从、遵照、师从、追随、随从"等。例如：

（135a）王家兄弟遵从其父王鼎烟生前的遗愿献出南音抄本。

（136a）关山月早年师从"岭南画派"奠基人高剑父学绘画。

（137a）万惠霖已经决定追随他的导师蔡启瑞而从事催化研究。

（138a）父亲早年追随共产党抗日救国。

（139a）曾子川先生，年轻时随从兄长从事裱画工作。

"遵从"等动词一般要求"遵从"某人或某指导思想要做的事情，因此其后常需要出现所"遵从"并实施的具体事件或结果，否则句子不成立或不自足。例如：

（135b）*王家兄弟遵从其父王鼎烟。

（139b）*曾子川先生，年轻时随从兄长。

"服从"类动词不能与形式动词连用，例如：

（140）*对他的命令进行/予以/加以/给予服从（遵从/遵行……）。

6.5　小结

低权势"位移"动词位移方向可选用趋向动词、介词、连动式中其他位移动词凸显的方式。

其中低权势"施与"类动词可用"上来、上去"凸显社会方向，也可用介词“向”或“对”介引高权势者，但“对”适用范围有限，只限于“行贿、贿赂”两个社会评价为负面的动词事件中。低权势“获取”类动词一般只能用介词“从”而不能用“向、对”介引高权势者。除“继承”“承袭”可与“上来、上去”连用外，其他都不能与趋向动词共现。低权势“朝向目标向”动词、低权势“上向位移”动词既不能与趋向动词共现，也不能用介词凸显位移，其位移特征常采用与“来、去、前来、前去、到”等共现的方式来凸显。低权势“施与”类动词进入“把”字句的能力高于进入“被”字句，而低权势“获取”类动词进入“被”字句的能力远高于“把”字句。这与动词的语义特征及句式义特征有关。低权势上向位移动词和朝向目标位移动词都是自移动动词，无受事，都不能进入“把”字句和“被”字句。

“接受、服从”类动词一般不凸显位移性和处置性，进入“把”字句和“被”字句的能力较弱，只有“服从”类中具有较高强制性的A类动词能进入“被”字句。另外，“接受、服从”类动词句中常出现施事定语。比较特殊的是“奉命”类动词，“奉命”类动词要求后续结果，因此常用于连动句中。需要指出的是，“奉命”类动词不能用主观性较强的“不”否定。

低权势“位移”动词大部分都不能与形式动词共现。

第7章 低权势“心理”动词与“言语行为”动词

7.1 低权势“心理”动词

社会空间“心理动词”反映社会空间人与人之间的权势关系，其中反映高权势者对低权势者心理活动的动词叫作“高权势‘心理’动词”，相应地，反映低权势者对高权势者心理活动的动词叫作“低权势‘心理’动词”。

低权势“心理”动词主要有“爱戴、崇拜、崇奉、崇敬、崇仰、感戴、敬服、敬仰、敬重、缅怀、钦敬、钦慕、钦仰、孝敬①、孝顺、仰慕、仰仗、尊敬、尊崇”等。

7.1.1 低权势“心理”动词的感事和对象

低权势“心理”动词只适用于低权势者对高权势者，不过此类动词涉及的高权势者一般为社会评价中的高权势者或辈分关系中的长辈。例如：

(1a)他作战非常勇猛，极受下属爱戴。

(1b)*他作战的时候总是很怯懦，极受下属爱戴。

(2a)所有的希腊人都把他当神来崇拜。

(2b)*所有的希腊人都把他当凡人来崇拜。

(3a)晚辈们对老人很孝敬。

(3b)*老人对晚辈们很孝敬。

低权势“心理”动词多用于低权势者对高权势者的心理评价，权力的高低并非最重要因素，只有符合社会正向价值取向的人才能获得人们的敬仰。例如(1a)中的“作战勇猛”符合社会正向期望，句子成立；作为反面的(1b)中的“怯懦”则不符合社会正向价值取向，因此句子不成立。

低权势“心理”动词典型的对象为具有社会评价的高权势特征的人，但有些社会心理动词的对象，即高权势者还可以符合社会正向预期的“精神”“品质”“信条”或某种“行为”。例如：

（4）我们都很崇仰陈嘉庚先生的精神。

（5）许多青年崇奉“不想当将军的士兵不是好士兵”的信条。

（6）你的伟略雄才，你的识人之能，你的光明磊落，无不令人钦敬。

（7）文学大师鲁迅这种避奢持俭的美德令人崇敬。

（8）他非常崇拜军人的尚武精神。

（9）他们那种关心同志、爱护同志胜过自己的崇高思想，令人尊敬。

但是“爱戴、孝敬、孝顺”的对象只能是人，不能是“精神”等抽象名词。例如：

（10a）人们都爱戴这位伟大的英雄。

（10b）*人们都爱戴这位伟大英雄的光辉事迹。

（11a）他很孝敬父母。

（11b）*他很孝敬父母的美德。

“尊敬”的对象虽然可以是某种社会正向评价的精神等抽象名词，但它们只能以主语的身份出现在“令人/受人尊敬”的前面，如（9），而不能做“尊敬”的宾语。例如：

（12a）这种工作态度令人尊敬。

（12b）*人们很尊敬这种态度。

（13a）教师的劳动是令人尊敬的。

（13b）*人们很尊敬教师的劳动。

7.1.2 低权势“心理”动词的量及其句法语用影响

从社会评价的角度看，高权势“心理”动词既有正面评价的褒义类心理动词，如“关怀、怜恤”，也有负面评价的“宠溺、偏袒”等贬义类，此外还有中性的“钟爱、宠爱”等。而低权势“心理”动词则只有正面评价的褒义类。

低权势“心理”动词的“量”一般都很高。“量高”表现为在无标记的情况下，低权势“心理”动词不能受表示微量的副词“稍微、稍稍、略微、一些、有点儿”等修饰，但表示大量、极量的修饰语“无比、无限、极为、最为”则可不受语言环境制约，自由与低权势“心理”动词共现。例如：

（14a）人们对他极为无比崇敬。

（14b）＊人们对他有一些崇敬。

（15a）我对先生极为敬重。

（15b）＊我对先生有点儿敬重。

（16a）薛陵的侠风义行，令他无限钦敬。

（16b）＊薛陵的侠风义行，令他稍微钦敬一些。

相比其他低权势“心理”动词，“孝敬”“孝顺”的量稍微低一些，表现为不能受极量修饰语“无比、无限”的修饰，但可受“最为、极为”的修饰。例如：

（17a）这个孩子最为 / 极为孝顺。

（17b）这个孩子极为孝敬父母。

（17c）＊这个孩子无比 / 无限孝敬（/ 孝顺）父母。

表示中量的副词“比较、较为、较”等也较难与低权势“心理”动词共现，除了“尊敬、孝顺”外，笔者在北京语言大学 BCC 语料库中没有发现用例。即使“尊敬”可用表示中量的副词连用，但一般也常常是有标记的。例如：

（18）其实张宏对他也不陌生，这位大人有一手不俗的书法。所以，抛开那一夜这位大人的表现来说，张宏还是比较尊敬对方的。

（19）李瑛现在还颇得圣宠，所以中立派对他也算比较尊敬。

（18）中用了“还是”，（19）中用了“也算”，二者都表示在程度上勉强过得去，勉强达到“尊敬”的最低节点的意思，从而降低了“尊敬”的量，这样与“比较”共现才更和谐。

表示过量的副词“过分、过于”往往会给修饰语带来 [- 褒义] 特征。笔者认为，能否接受“过于、过分”的修饰，反映了低权势“心理”动词潜在的 [- 褒义] 评价的可能，即能接受过量修饰语修饰的权势心理动词的褒义程度低于不能接受过量修饰语修饰的心理动词。笔者以“过分 / 过于 +____”为条件，在北京语言大学 BCC 语料库中进行了检索，发现“崇敬、敬仰、敬服、缅怀、钦慕、钦仰、崇奉、钦敬、孝敬、孝顺”等均不能受过量副词的修饰；“尊敬、尊崇、崇拜”等则能；“仰慕、敬重、崇仰”则处于中间状态，如表 7-1 所示。

表7-1　低权势“心理”动词与过量副词共现

低权势“心理”动词	过于	过分	总计
崇拜	5	30	35
尊崇	3	2	5
尊敬	1	3	4
敬重	1	1	2
仰慕	1	0	1
崇敬、敬仰、敬服、缅怀、钦慕、钦仰、崇奉、钦敬、孝敬、孝顺	0	0	0

由此笔者认为，“崇敬”等低权势“心理”动词的褒义程度最高；“崇拜”的褒义程度最低，其次是“尊崇”。这从形式上可以得到验证，“崇拜”和“尊崇”都可与有贬义色彩的修饰语“盲目”共现，其中“盲目崇拜”在BCC语料库中出现666次；“盲目尊崇”出现8次。其他低权势“心理”动词均不能与之共现。例如：

(20)不少人写文章呼吁青少年不要盲目崇拜“明星”。

(21)大多数知识分子长期受到经学思想的束缚，对其盲目尊崇。

(22)*他盲目崇敬周大侠……

低权势“心理”动词正向高量的另一个表现是，其感事为复数的情况很多，并且在动词前常用“无不”进行限定加强肯定。例如：

(23)因为这一条，湘港将领，无不感戴。

(24)这真定樊氏比赵氏更加出名，冀州士族无不敬重。

(25)楚大侠的大名已名震天下，万人钦仰。

(26)周大侠在武林中人人钦敬。

一个人“感戴”“钦仰”“钦敬”或“敬重”不足以凸显量大，如果动词的主语为复数，则会把量无限放大，使动词中“大量”义得以凸显。

高权势“心理”动词中褒义类多能重叠，如“关怀、体恤、怜恤、宠幸、宠、疼爱”等。也有文献指出动词本身的褒贬色彩会影响其重叠的能力，褒义动词一般重叠能力较强，但是这点并不适用于低权势“心理”动词，动词重叠被认为具有“尝试”义，或表示“时短、量小”义，笔者认为，这二者可统括为减弱动词的“量”，这与权势心理动词凸显“大量”是矛盾的，因此低权势“心理”动词在无标记的情况下都不能重叠。例如：

（27）*你们崇仰崇仰老先生。

（28）*我们钦敬钦敬周大侠。

（29）*你们尊敬尊敬老师。

不过“孝敬”和“孝顺”有时可重叠，例如：

（30）娘，在这里多住些时日，也好叫女儿女婿好好孝敬孝敬。

（31）她得闲的时候，便也烧两道菜，孝敬孝敬公婆。

（32）我是说您这么大年纪了，找个徒弟孝顺孝顺您不好吗?

（33）她想到春节将近，该孝顺孝顺家中老父了。

7.1.3 低权势“心理”动词对特殊句式的选择

低权势“心理”动词大部分都能进入“被”字句。能进入“被”字句的动词主要有“爱戴、崇拜、崇敬、敬仰、尊敬、仰慕、敬重、尊崇、缅怀、钦慕、崇仰、崇奉、钦敬”等。例如：

（34）做一个有良知的人，一生都会被人们尊敬。

（35）他们拥有非凡的武勇和辉煌的战绩，被人们疯狂地崇拜。

（36）古时候的英雄即便死了千百年，依旧被人仰慕。

（37）罗家被武林八派三帮崇奉为武林第一家。

“被”字句最早表示不如意、遭受损失的意义已经大大减弱，因此这类正向褒义评价的词语能够进入。但还有相当一部分低权势“心理”动词不能进入“被”字句，不能进入“被”字句的动词主要有“敬服、钦仰、孝敬、孝顺”等。例如：

（38a）他很孝顺母亲。

（38b）*母亲很被他孝顺。

（39a）他只敬服先生一人。

（39b）*只有先生一人被他敬服。

与“被”字句相比，低权势“心理”动词作“受到”“受人”“令人”“叫人”等词语宾语的频率更高，这类句子也具有被动意义。例如：

(40a)这种奉献精神，使他受到蜂农的爱戴。

(41a)对家庭负责的男人最令人尊敬。

(42a)慕拉第女士让人敬重。

(43a)他的品德与能力都让人仰慕。

上述句子都可转化为“被”字句，例如：

(40b)他被蜂农爱戴。

(41b)对家庭负责的男人被人尊敬。

(42b)慕拉第女士被人敬重。

(43b)他的品德与能力都被人仰慕。

不过“孝顺”和“孝敬”仍然是例外，它们都不能作上述动词的宾语，例如：

(44)*母亲受到孩子孝敬。

(45)*他令孩子孝顺。

“孝顺”有时候更像一个形容词，只表示性状。例如：

(46)这个孩子真孝顺。

而其他心理动词则不能表示性状，例如：

(47)*这个孩子真尊敬。

(48)*她很敬仰。

《现代汉语词典》对“孝顺”的解释为“动词。尽心奉养父母，顺从父母意志”。笔者认为，“孝顺”已经具备了形容词的特征，应为其另立一个形容词义项。

低权势“心理”动词不凸显动作，除“尊崇”外，都不能进入“把”字句。例如：

(49)把黑格尔尊崇为“第一流的喜剧天才”。

(50)孔子是一位伟大的教师，被儒家学派尊崇为“万世师表”。

(51)*人们都把他尊敬。

(52)*大家都把他敬仰。

(53)*人们都把他爱戴。

7.2　低权势“言语行为”动词

低权势“言语行为”类动词主要包括“告状”类、“祷告”类、“报告”类、“歌颂”类、“顶撞”类。

“告状”类如“告状、起诉、上告①、控告、控诉、投诉”等；“祷告”类包括“祷告、祈祷”等；“报告”类包括“报案、报警、告发、举报、告密、告假、上告②、请假、述职、报告、反映、回禀、启禀”等；“歌颂”类包括“歌颂、颂扬、奉承”等；“顶撞”类包括“顶撞、顶嘴、抢白”等。

低权势“言语行为”动词至少涉及两个参与者，一个是言语行为的发出者，另一个是对象，还有一些言语行为动词涉及三个参与者，除言语行为的发出者和对象外，还包括言语行为的针对者。以“告状”为例,“告状”事件涉及的三个参与者：言语行为的发出者“告状人”，言语行为的对象“向谁告状”，言语行为的针对者“告谁”。一般言语行为的发出者或者言语行为的针对者为低权势者，言语行为的对象为高权势者。例如：

（54）张梁部将程远志狼狈而回，向张梁告状……

（55）她向班主任老师告了我一状。

（54）中,“告状”言语行为的发出者为“程远志”，对象为“张梁”,“程远志”是“张梁”的“部将”，二者有上下级关系。（55）中“她”不一定与“班主任”有上下级关系，但是“告状”的针对者“我”必定与“班主任”之间有权势的差异。

7.2.1　低权势“言语行为”的参与者

“上告②、报告、回禀、启禀、歌颂、颂扬、奉承、顶撞”等二价动词涉及的高权势者，即动作的对象可以不用介词介引，直接出现在句中宾语的位置上。例如：

（56）日本参谋本部立即把这一消息上告首相。

（57）我会把你背叛的事情报告上级。

（58）他颂扬上帝给了他许多富人没有的这两种财富。

（59）几个泼皮点头哈腰地奉承鲁智深。

（60）他当连长以来头一回碰到有人敢这样当面顶撞他。

（56）中“日本参谋本部”是一个机构名词，“首相”是其上级。

低权势“言语行为”动词中相当一部分动词为一价动词，但这些动词却涉及两个以上参与者，如“告状、祷告、报案、报警、告密、告假、顶嘴、述职”等。这些词都不能以宾语身份直接引入高权势者，例如：

（61）他老跟老师顶嘴。

（62）他向上帝大声祷告。

（61）中的“顶嘴”涉及“顶嘴”动作的发出者以及对象，但“顶嘴”是一个一价动词，对象只能用介词介引。

“告状”则涉及三个参与者：“告状”的施事、对象和针对者。有时三个参与者都需要在句中出现，则高权势者一般用“向”“跟”或“到”引入，如引入针对者，“告状”则采用离合形式，以论元合并的方式引入。例如：

（63）导演向我们的一位副主任告状。

（64）谁要敢行凶，我到派出所去告他一状。

（65）昨天他跟我妈告了我的黑状。

即使为二价动词，也有相当一部分动词不能以宾语身份直接引入高权势者，如“祈祷、告发、控告、起诉、控诉、投诉、反映”等。例如：

（66a）他向法院告发邻居的罪行。

（66b）*他告发法院邻居的罪行。

7.2.2 “到＋处所”引入高权势者

“告状”类和“报告”类动词可以用“到＋处所”的方式引入高权势者。例如：

（67）你不服，可以到巡案大人那里告状。

（68）赵某遂起诉到法院。

（69）大批的消费者不断到有关部门上告。

（67）中的处所词是由“指人名词＋那里”构成的，指人名词“巡按大人”本身就是一个具有高权势特征的职务名词，因此整个处所词便有了高权势特征。（68）、（69）中的处所词是由机构名词充当，这些机构如“法院”“有关部门”等，都是具有高权势的机构，无高权势特征的处所名词则不能出现在这类结构中。例如：

（70）* 你不服，可以到房间里告状。

（71）* 赵某遂起诉到院子里。

“告状”类和“报告”类与“到＋处所”连用激活了词语的位移特征，即这类动词中低权势者向高权势者位移的特征。而“歌颂”类、“顶撞”类则不能与“到＋处所”共现，这类动词内涵中没有位移特征。例如：

（72）* 他到家里顶撞母亲。

7.2.3　低权势“言语行为”动词对“向”和“跟”的选择

低权势“言语行为”动词涉及的高权势者还可用介词引入。例如：

（73）日本参谋部向首相上告这一消息。

（74）我会向上级报告你背叛的事情。

（75）何涛大喜之下，就向府伊回禀了这事。

引入高权势者的介词一般用“向”，也可选用“跟”。“向”和“跟”的选择与动词表示事件的正式程度有关，事件越正式，高权势者的权力越高，越倾向于选择“向”。如“起诉、上告①、上告②、控告、控诉、投诉、祷告、祈祷、报案、报警、告发、举报、述职”等动词表示的事件，高权势者一般为具有绝对权势的司法机关或政府机构，只能用“向”介引高权势者，而不能用“跟”。例如：

（76a）食品加工厂向法院起诉货车所属单位，要求其赔偿撞毁车辆的损失。

（76b）食品加工厂跟法院起诉货车所属单位，要求其赔偿撞毁车辆的损失。

（77a）劳动者可以向劳动行政部门投诉。

（77b）* 劳动者可以跟劳动行政部门投诉。

《现代汉语词典》中对这些词的解释都包含具有绝对高权势的高权势者信息。例如：

起诉：向法院提起诉讼。

控告：向国家机关、司法机关告发（违法失职或犯罪的个人或集体）。

控诉：向有关机关或公众陈述受害经过，请求对于加害者作出法律或舆论制裁。

投诉：公民或单位认为合法权益遭受侵害，向有关部门请求依法处理。

这类词一般涉及司法活动，因此更具正式性，高权势者的权力在法律许可范围内，权势特征更强。

“告状②、告密、告假、请假、反映、报告、回禀”等词语表示的事件一般不涉及司法活动，正式程度相对上组词较低，涉及的高权势者既可以是拥有高权力的人或机构，也可以是权势特征不明显的人或机构，一般既能用“向”，也能用“跟”引入高权势者。例如：

（78a）这些人联名向法院告状。

（78b）我根本没去跟老师“告状”，不过吓他而已。

（79a）他表示会尽快跟上级公司反映。

（79b）刘小明向民警反映10日3日案发当晚他曾在龙台街上碰到被害人的儿媳。

（79c）政协委员共向中央反映8000多条涉及社会生活诸多方面的重要信息。

《现代汉语词典》对这些词的解释为：

告状：①（当事人）请求司法机关审理某一案件。②向某人的上级或长辈诉说自己或别人受到这个人的欺负或不公。

告密：向有关部门告发旁人私下言论或活动。

反映：②把情况、意见等告诉上级或有关部门。

“告状①”涉及的高权势者为绝对高权势者“法院”，而“告状②”涉及的高权势为相对来说权力特征不突出的“上级、长辈”。一般来说，“告状①”只能用“向”，而“告状②”既可用“向”也可用“跟”介引高权势者。（78a）中的“告状”为“告状①”，“法院”是国家最高权力者，因此只能用“向”介引；而（78b）中的“告状”为“告状②”，“老师”的权势则有相当大的限制性，因此可用“跟”介引。例如：

（78a'）*这些人联名跟法院告状。

（78b'）我根本没去向老师“告状”，不过吓他而已。

“告密”告发的为私下的活动或言论，因此正式程度相比“告状、告发”稍低，既可用“向”也可用“跟”介引。如（79a）和（79b）。“反映”一般不涉及司法活动，正式程度较低，一般“跟”和“向”可互换，但是当高权势者的“高权势”特征特别明显，即高权势者为绝对高权势者政府机构，或司法机关的工作人员时，往往倾向于选择“向”来介引，而不用“跟”，如（79c）

中的“向”不能用“跟”替换，（79b）中的“向”一般也不能用“跟”替换。例如：

（79b’）? 刘小明跟民警反映10日3日案发当晚他曾在龙台街上碰到被害人的儿媳。

（79c’）* 政协委员共跟中央反映8000多条涉及社会生活诸多方面的重要信息。

“顶撞”类动词表示的事件最不凸显动作对象的权威，带有不礼貌的色彩。《现代汉语词典》对“顶撞”类动词的解释为：

顶撞：用强硬的话反驳别人（多指对长辈、对上级）。

顶嘴：顶撞，争辩（多指对尊长）。

“顶撞”类动词的高权势者不能用“向”引入，只能用“跟、和、同、与”。例如：

（80）赵高在咸阳的权势，已经达到了极致，根本无人再敢去和他顶撞。

（81）刚来的时候，大家都很老实，不敢跟上级顶撞。

（82）你敢跟大爷我顶嘴！

（83）武叔叔脾气不好，注意点，不要和他顶嘴……

“顶撞”类动词动作的参与者都参与言语活动，需要两个参与者共同来完成，是交互动词。“跟”的核心语义是“协同”，基本语义特征为双向（何薇，2004），与“顶撞”类动词共现正凸显这种“交互”义。“交互”凸显动作参与者之间的互动，不凸显权势关系。“跟”便有了淡化权势关系的作用。另外，“和”和“与”表示并列，也不凸显权势。

此外，“歌颂”类动词如需介词引入高权势者，一般选用“对”，例如：

（84）“唱支山歌给党听”，表达各族人民对党的歌颂和热爱。

（85）也许社会在对高尚进行颂扬的时候，不该忽略对卑劣的谴责。

“颂扬”和“歌颂”只涉及两个参与者，一个是施事，即“歌颂者”，另一个是对象，即“被歌颂者”。“歌颂”的对象一般为社会评价的高权势者，有时是指人名词，有时为抽象名词，如“品质”“精神”等，因此权力特征不明显，或并无权力。“歌颂”类动词不能用“向”“跟”介引。例如：

（86）* 人们用歌声向领袖歌颂。

（87）*人们向党颂扬。

7.2.4 低权势“言语行为”动词对特殊句式的选择

低权势“言语行为”动词中有相当一部分是一价动词，这些一价动词一般不能进入“把”字句和“被”字句，如“报案、报警、告假、请假、述职、顶嘴”等。

言语行为动词动作性不强，能进入“把”字句主要有“告发、反映、报告、回禀”等，还有一些后加补语后，也能进入“把”字句，如“起诉、投诉、上告②、控诉、告状”等。例如：

（88）我已经把情况向领导反映了。

（89）邻居把他告发了。

（90）检察院把她起诉到法院了。

（91）我已经把这件事上告到了省里。

（92）她又在父母面前把丈夫控诉了一番。

低权势“言语行为”动词进入“被”字句的能力较强，除一价动词、“祷告”类动词和“回禀、启禀”外大部分能进入“被”字句，其中对于受事来说不如意的事件还能进入“遭受”句中，作“遭、遭到”的宾语。例如：

（93）该名通缉犯遭警方起诉。

（94）她遭到了顾客的投诉。

（95）他还是第一次遭到丁大全顶撞。

能够进入“遭受”句的都能进入“被”字句，主要有“起诉、控告、控诉、投诉、告密、告发”等，这类动词对于言语行为的针对者来说，都具有强烈的不如意色彩。

7.2.5 低权势“言语行为”动词与形式动词的共现

一般来说，形式动词凸显权威（李桂梅，2012），倾向于与高权势动词共现，但部分低权势“言语行为”动词也可以与形式动词连用，如“起诉、控告、控诉、投诉、祷告、祈祷、报警、述职、反映、报告、歌颂、颂扬”等。不过能与低权势“言语行为”动词共现的形式动词主要是“进行”。例如：

（96）警方将对他进行起诉。

（97）中外企业都可以就北京市范围内的违规事件进行投诉。

（98）综治副校长在二年聘期内，每年要向市、区综治委、教委进行述职。

（99）县报告员每月到各区向干部、宣传员、人民群众进行报告。

“起诉”有时还可以与“予以、不予、免予”等形式动词连用，不过，使用这些形式动词时，主语不能是指人名词，一般为具有高权势的“检察院”“法院”等名词，而不能是无权势特征的指人名词，此时“起诉”的低权势特征受到了抑制。例如：

（100）对侦查终结的案件是否起诉或免予起诉，由检察机关按照法定程序，通过全面仔细的审查作出决定。

（101）下野地垦区人民检察院对曹某免予起诉。

（102）韩国警方将对与夏令营大火事件有关的 7 个人予以起诉。

（103）* 街头小贩张三决定对城管免予起诉。

（104）* 王老师决定对那位家长不予起诉。

“歌颂”“颂扬”有时可与“加以”共现，但是此时“歌颂”或“颂扬”的一般只是在社会评价中具有正面形象的对象，而不能是具有高权力的人或组织机构。例如：

（105）大多数中国小说习惯于将女性放在女圣的角度加以歌颂。

（106）那些所谓伸张正义的杀手，被当作英雄加以歌颂。

（107）* 人们对党加以歌颂。

（108）* 村民们对清官加以颂扬。

“女性”和“杀手”在特定范围的社会评价中是被肯定的对象，但这类名词并不凸显权势特征。而（116）中的“党”在中国语境中专指执政的中国共产党，因此具有绝对的高权力。（117）中的“清官”相对于“村民”也具有绝对的高权力，这类具有高权力特征的词语可进入“歌颂”“颂扬”句。例如：

（109）他们以各种方式对党进行歌颂。

（110）他当场写了一首诗来颂扬清官。

如果句中出现形式动词“加以”以后，句子便不能成立。形式动词有凸显高权势特征的作用，尤其是“加以、予以、给予”等形式动词，而“进行”常可用于低权势动词组成的句子中，因此对高权势特征的凸显不明显。

7.2.6 “请求”类动词的语力特征及其句法表现

“请求”类动词常常对应于高权势“使令”类动词中的“准许”类动词。在一个事件中，“请求”先于“准许”出现，“请求”者在一个“请求—允准”事件中往往占据较强的主导地位。

“请求”类动词主要有两类：

A：请求、央求、恳求、哀求、祈求、乞求、央告

B：请功、请命、请教、请命、请愿、请战、求见、求教、求援、求饶、求助、乞降、乞援

A类为典型的“请求”类动词，意义比较单纯；B类则是“请求”类动词与请求的目的物发生整合后词汇化的产物，概念结构相对复杂，如“请功”在《现代汉语词典》中的解释为“请求上级给有功人员记功”。从概念义中可见“请功”整合了“请求上级”和“上级为有功人员记功”两个事件。

7.2.6.1 “请求”类动词的句法表现

A类动词都属于言语行为动词。一个完整的言语行为可抽象出三种行为：言内行为、言外形为、言后行为[1]。

言后行为的取效结果往往与语力（illocutionary force）有关。语力指的是在言语交互活动中，讲话者通过话语向听话者实施的、试图克服听话者内在力量趋势的力量。通常情况下，听话者的状态（包括思想、情感、行为等）会因此而改变。听话者内在力量趋势被讲话者的语力所克服从而发生了状态的变化（莫启扬、段芸，2012）。

语力与多方面的因素有关，一般来说，讲话者的地位越高，语力越强；讲话者的情感越殷切，语力越强。“请求”类动词有较强的语力，说话人希望通过“请求”行为，对受话人产生影响，并进一步做出发话人希望的行为。

由于“请求”类动词具有较强的语力，常要求后续结果出现，“请求”类动词与“命令”类动词一样，也常用于兼语式中。与“命令”类不同的是，“请求”者一般为低权势者，在句中作主语，而高权势者在句中为兼语，即：

NP低+VP1+NP高+VP2

[1] 也有著作将其译为“取效行为”。

“高权势者”既是“请求”类动词（VP1）的受动者，又是后面VP2的施动者。例如：

（111a）王夫人低声下气地央求族人出面保释儿子。

（112a）威廉爵士可怜巴巴地哀求国王帮助他。

（113a）干部职工等自发签名上书，恳求上级让这位好县官继续留任。

（114a）我虔诚地伏在地上，祈求神给我们一条生路。

（115a）彭越苦苦央告吕后在汉高祖面前替他说句好话。

（116）卢父再三恳求省招生办对儿子的成绩进行复查。

“NP高”还可以用“向”引入，例如：

（111b）王夫人向族人央求出面保释儿子。

（112b）威廉爵士向国王哀求帮助他。

（113b）干部职工等自发签名上书，向上级恳求让这位好县官继续留任。

（114b）我虔诚地伏在地上，向神祈求给我们一条生路。

（115b）彭越苦苦向吕后央告在汉高祖面前替他说句好话。

B类动词多属于动词与其宾语经过整合后词汇化的词语，这类词中往往已经包含了原动词概念结构内的成分，因此在语法表现上要比原动词单调，如大部分B类词为不及物动词，不能加宾语，如“请功、请愿、请战、求援、求饶、乞降、乞援”等，不进入“把”字句和“被”字句。例如：

（117）* 上级被他们请功 / 请愿 / 请战 / 求援……

B类的对象高权势动词一般用“向”引入，例如：

（118）华侨员工向三宝垄商会请愿，提出增薪要求。

（119）团党委决定向上级为他们请功。

（120）比赛时，张敬东又多次向主教练请战。

（121）钟女士立即向110求援。

“请教、求教、求见、求助”的语法表现较为丰富，它们都可以带宾语，“请教、求教”还可出现在双宾句中。例如：

（122）贫僧求教高僧一个梵典中的问题。

（123）我想请教先生一个问题。

（124）惜惜到苏州府中求见知府夫人。

（125）他曾求助一位律师。

“请教”还可以出现在“把”字句和“被”字句中。例如：

（126）他要把这些线索向她请教并再进一步确认。

（127）我把心中的疑问向他请教。

（128）每个人都需要经常请教别人，也会经常被人请教。

“请求”类动词不能与形式动词连用。例如：

（129）* 对他进行 / 加以 / 予以 / 给予请求（祈求 / 请愿 / 请功……）。

7.2.6.2 “请求”类动词语力特征的凸显

有时为了增强语力,“请求”类动词前还常出现“苦苦、再三、一再、低声下气、可怜巴巴”等修饰语，例如（111a）~（115a）。“请求”还可以用“坚决、正式”等修饰语来修饰，而其他“请求”类动词一般不用这类修饰语。例如：

（130）他正式请求组织允许他入党。

（131）这个战士身患重感冒，却坚决请求上级批准他参加战斗。

（132）* 王夫人坚决 / 正式央求族人出面保释儿子。

（133）* 威廉爵士坚决 / 正式哀求国王帮助他。

“祈求”的对象多为“神明、佛、菩萨”等，多用“虔诚”来修饰，很少用“可怜巴巴、苦苦、低声下气”以及“正式、坚决”等修饰语。例如：

（134a）老人拉着孙儿跪下叩头，虔诚地祈求“山神”赐予猎物。

（134b）* 老人拉着孙儿跪下叩头，苦苦 / 低声下气 / 正式 / 坚决地祈求“山神”赐予猎物。

7.3 小结

低权势“心理”动词都是正面评价的褒义类心理动词，其典型的对象为具有社会评价的高权势特征的人。低权势“心理”动词的“量”一般都很高，在无标记的情况下，低权势“心理”动词不能受表示微量的副词修饰，但是表示大量、极量的修饰语则可不受语言环境制约自由与低权势“心理”动词共现。低权势“心理”动词的感事为复数的情况很多，这也是“量”高的表现。低权势“心理”动词在无标记的情况下都不能重叠，也与其高“量”有关。低权势“心理”动词大部分可进入“被”字句，但一般不能进入“把”字句。

低权势“言语行为”动词的高权势者可用“跟”和“向”引入，但越是正式的语境越倾向于用“向”引入。而带有非礼貌色彩的“顶撞”类动词则不能用“向”，只能用“跟”等介词引入高权势者。

低权势“言语行为”动词进入“把”字句的能力较弱，但大部分可进入“被”字句。部分低权势“言语行为”动词可与形式动词连用，但限于“进行”。极少部分能与“予以、不予、免予”连用，不过动作的发出者低权势特征受到了抑制。

比较特殊的是“请求”类动词，作为低权势动词,“请求”类动词却有较强的语力，可进入兼语句。

第8章　社会空间动词与权势敏感结构

现代汉语中有些动词本身具有社会空间权势特征，但为了进一步凸显这种权势特征，会使用一些特殊的句法手段对其进行强化；有些动词本身社会空间权势关系不明显，会使用某种句法手段显化其权势特征；有些动词本无社会空间权势特征，进入某种句法格式后，被赋予权势色彩，我们把这类具有凸显或赋予动词社会空间权势特征的句法手段或格式叫作权势敏感结构。

本章所谈的权势敏感结构主要有“在 NP 的 VP 下”“VP+ 上”“VP+ 下”“NP1 在 NP2 的 VP 中”和“亲自 +VP”等。

8.1　在NP的VP下

“在 NP 的 VP 下”是现代汉语中一种具有高权势色彩的构式。《现代汉语八百词》中，“下”词条和“在”词条都曾提及该句式：

①“下”：

在 + 名 [+ 之]+ 下，指条件。名词前要有修饰语，限制抽象事物。例如：

（1）在非常困难的条件下，他们还是出色地完成了任务。

（2）在全班同学的帮助之下，他进步很快。

（3）在先进工作者的带动下，工作有了很大起色。

②“在”：

表示条件。构成“在 + 动名词短语 + 下”的格式，用在动词或主语前。例如：

（4）在大家的救助下，把落水儿童救上了岸。

（5）在大家的帮助下，小周的进步很快。

崔健（1995）注意到汉语的“下”可以引申用来表示一个事物在另一个事物的“影响之下”或“控制之下”，“影响”既可以导致满意的结果，也可以导致不满意的结果。例如：

（6a）在老师的帮助下，他取得了很好的成绩。

（6b）* 在老师的帮助下，他没及格。

8.1.1 “在 NP 的 VP 下”的构式义

“在 NP 的 VP 下”在句中常作状语，从表义的完整性来看，其语义不自足，常包含在一个更大的结构中，我们把“在 NP 的 VP 下”中的“NP”标注为“NP1”,“VP”标注为“VP1”，这个构式常构成更大的构式“在 NP1 的 VP1 下, NP2 VP2”，或“NP2 在 NP1 的 VP1 下 VP2”。这个构式包含两个事件，一个是“NP1 VP1”，另一个是“NP2 VP2”，第一个事件为第二个事件提供背景条件。具体来说，第一个事件和第二个事件之间的关系主要有两种：

（1）第一个事件是第二个事件的原因，并且对第二个事件有较强的控制或影响作用。例如：

（7a）在成人的引导下，儿童逐渐学会了自己确定记忆的任务。

（7a）中，第二个事件“儿童学会了自己确定任务”是因为第一个事件对其施加的影响，即“成人”的引导，只有具有高权势特征的人才具有这种强影响性。这个句子可改写为：

（7b）因为成人的引导，儿童逐渐学会了自己确定记忆的任务。

（2）第一个事件为第二个事件提供活动框架，第二个事件是在第一个事件所设定的条件下发生的，第一个事件对第二个事件有控制作用。例如：

（8a）孩子在家长的陪同下去找数学老师。

（9a）在牧师的带领下，宋家儿女齐唱赞美诗。

（8a）中，“孩子”去找数学老师这一事件，是在“家长陪同”的条件下进行的，而“家长陪同”并非后一事件发生的原因，但更凸显正式性，对第二个事件有更强的影响。这个句子可以改写为：

（8b）在家长的陪同的条件下，孩子才去找数学老师。

（9a）中，“宋家儿女”唱赞美诗这一事件，是在“牧师带领”的条件下进行的，牧师对后事件“唱赞美诗”具有强控制作用。可以改写为：

（9b）在牧师的带领的条件下，宋家儿女齐唱赞美诗。

“原因”指的是造成某种结果或引起另一件事情发生的条件，并且与结果之间有内在的必然的联系，即有此因必有此果；条件在一般情况下对结果仅起一定作用，即对结果的发生提供某种可能性，条件与结果之间没有必然的联系（唐烈英，1998）。“条件”和“原因”有时很难区分，例如：

（10a）敢死队队员在队长的率领下个个冒死冲锋。

（10a）既可以理解成“敢死队队员”冒死冲锋的原因是有“队长”的带领，也可以理解为“敢死队队员”是在“队长”带领这个条件下才冒死冲锋的，例如：

（10b）因为队长率领，所以敢死队队员个个冒死冲锋。

（10c）在队长率领的条件下，敢死队队员才个个冒死冲锋。

“在NP1的VP1下,NP2 VP2”或“NP2在NP1的VP1下VP2”构式重点突出的是第二个事件，第一个事件常常对第二个事件有控制的作用。

“控制”意为“掌握住，不使任意活动或越出范围操纵”，只有具有较高权势的人对事件才具有“控制”的能力，因此“在NP1的VP1下”整个构式具有高权势特征。

8.1.2　“在NP1的VP1下”的高权势特征

Goldberg（1995）认为，构式不能从其构成成分的特征或其他构式中得到完全预测。但构式义并非与构式成分无关，“在NP的VP下”构式的高权势特征在很大程度上源自其构成成分。

“在NP1的VP下”是一个由框式介词结构“在……下”和一个偏正短语“NP的VP”组成的，构式的组成成分对构式的高权势特征有很大贡献。

8.1.2.1　“在……下”介词结构

“下”的原型功能是表示“位置在低处”，引申为“表示属于一定的范围、情况、条件”。（吕叔湘，1980）

动词后的“下”有“控制”义。一个事物处于另一个事物之下，则下面的事物受到处于上面事物的影响或限制，上面的事物对下面的事物有掌控和制约作用。“在NP1的VP1下，NP2 VP2”格式中，事件2被置于事件1的条件限制下，事件1对事件2具有控制或制约作用。

从控制的强度来看，“在……下”可分为两种，一类为上面的事物完全覆盖并完全限制了下面的事物，上面的事物对处于下面的事物具有限制其活动范围和运动方式的作用，控制性较强。例如：

（11）犯人们在军警的监督下劳动。

（12）在他的控制下，遥控汽车快速前进。

另一类为上面的事物对下面事物也有一定的影响，但不具强制性。例如：

（13）犯人们在教导员的引导下认识到了自己的错误。

（14）在市政府及有关部门的关心下我们有幸上了学。

“下”表示“控制”义，是人类语言中的普遍现象，如英语中的“under（在……下）”也是如此。例如：

（15）Under its new conductor, the orchestra has established an international reputation.

在新指挥的领导下，这个乐团建立了国际声誉。

（16）This drug should only be taken under the supervision of a doctor.

这药只能在医生的监督下服用。（此药需遵医嘱服用。）

“指挥”“指导”和“监督”都有控制义，在英语和日语中也都使用“下”来表现，汉语都可用“在 NP 的 VP 下”来对译。

8.1.2.2 “在 NP 的 VP 下”构式中 NP 的特征

“在 NP 的 VP 下”构式中，NP 在句法上是 VP 的定语，在语义上一般为 VP 的施事，即 NP 是 VP 的施事定语。典型的 NP 和 VP 之间常常存在动作的发出者与动作之间的关系。例如：

（17a）在成人的引导下，儿童逐渐学会了自己确定记忆的任务。

（18a）敢死队队员在队长的率领下个个冒死冲锋。

（19a）在牧师的带领下，宋家儿女齐唱赞美诗。

（17a）中，“引导”的动作是“成人”发出的，即“成人引导儿童”。（18a）中“率领”的动作是“队长”发出的，即“队长率领队员”。（19a）中“带领”动作的发出者为“牧师”，即“牧师带领宋家儿女”。上述句子也可改写为：

（17b）成人引导儿童，儿童逐渐学会了自己确定记忆的任务。

（18b）队长率领敢死队队员，敢死队队员个个冒死冲锋。

（19b）牧师带领宋家儿女，宋家儿女齐唱赞美诗。

上一级构式“在 NP1 的 VP1 下，NP2 VP2”中，典型的 NP2 既是 VP1 的

受事，又是 VP2 的施事，在语义结构上与兼语式类似，NP1 与 NP2 之间常存在权势上的差异，NP1 一般为高权势者，NP2 为低权势者。具体来说，NP1 和 NP2 有如下几种关系：

① NP1 和 NP2 都是指人名词，这时 NP1 为 VP1 的施事，NP2 一般为 VP1 的受事，VP2 的施事，NP1 在权势上高于 NP2。例如：

（20）在老师的引导下，孩子们学会了自己解决问题。

（21）全市人民在党的领导下与灾害展开了搏斗。

（20）中的 VP1“引导”的受事是 NP2“孩子”，“孩子”同时又是 VP2“学会”的施事。施事定语“老师”和“孩子”之间存在权势上的差异。

有时 NP2 并非 VP1 的受事，而是与受事相关人或事物。例如：

（22）在领导的关心下，陈重坤调到南京工人医院检验科工作。

（22）中“领导”是“关心”的施事，即“领导关心某事”，而“陈重坤”不一定是“关心”的受事，而是与受事相关的人物。“领导”的权势高于“陈重坤”。

② NP1 和 NP2 至少有一个为机构名词，NP1 可看作 VP1 广义上的施事，NP2 为 VP1 的受事，VP2 的施事，NP1 在权势上高于 NP2。例如：

（23）在公安机关的教育下，曹某供认了犯罪行为的全部事实。

（24）各村民兵在党的号召下纷纷要求参军。

（25）南海公司在英政府的授权下垄断了对西班牙的贸易权。

（26）在学校的安排下，五位同学来到了纽约。

（23）～（25）中的施事定语 NP1 都是机构名词，在特定的范围内对特定的对象拥有管辖权，具有高权势特征。

③ NP1 为“政策”“法规”“原则”“理论”等抽象名词，此时，NP1 生命度最低，不能看作 VP1 的施事，只能看作工具，但这个“工具”却具有某种强制性特征。NP2 为 VP1 的受事，VP2 的施事。例如：

（27a）在法律的威慑下，王某交代了犯罪事实。

（28a）在国家政策的扶持下，各地红色旅游蓬勃发展。

（29）在国家计划的指导下，民族自治机关自主安排和管理地方性经济事务。

“法规、政策”是由立法机关制定，并由国家政权保证执行的行为规范，具有权威和强制性；“原则”是指说话、办事所依据的法则或标准，“计划”是指工作和行动前实现你定的具体内容和步骤，它们对人的行为都有指导和约束作用；“理论”是指人们从实践中概括出来的关于自然界和社会知识的有系统的结论，是用来指导实践的，这些抽象名词都具有高权势特征。

由“法律、法规、原则、计划、理论”等抽象名词充当NP的“在NP的VP下”构式中隐含了VP1的真正施事，例如（27a）～（28a）可改写为：

（27b）（公安人员）用法律威慑王某，所以王某交代了犯罪事实。

（28b）（政府）用国家政策扶持，因此各地红色旅游蓬勃发展。

④ NP1为“环境、条件、潮流、风气”等抽象名词。这类名词生命度较低，代表的现象都是与人的活动息息相关的外部环境或条件，是个体的人很难改变的，但对人的影响较大，具有强势的特征。例如：

（30）儿童进入幼儿园以后，在环境的要求下，产生了一定的责任感。

（31）在家庭环境的熏陶下，马三立打下“说、学、逗、唱”的深厚功底。

（32）北京一家机电公司在市场疲软形势的冲击下，各类型的车辆积压，陷入亏损的境地。

（33）在某些条件的作用下，生物便在地球上应运而生。

8.1.2.3　“在NP的VP下”对高权势动词的偏好

“在NP的VP下”构式中，VP表现出对高权势动词的偏好。我们对“在NP的VP下”构式组成的600个句子进行了统计，能出现在该构式中的动词有146个，其中高权势动词64个，占总数的44%；无明显权势特征的动词77个，占总数的53%；低权势动词5个，占总数的3%。从总量上看，高权势动词似乎不占明显优势；但从频率上看，能进入“在NP1的VP1下”构式的高频动词中，高权势动词在数量上相对占优势，出现五次以上的动词有37个，其中22个有高权势色彩，占60%，如表8-1所示。

表8-1　“在NP的VP下”中出现的高频动词

动词	频次	动词	频次	动词	频次	动词	频次
指导	54	控制	9	押送	7	管辖	5

续表

动词	频次	动词	频次	动词	频次	动词	频次
领导	27	统治	9	过问	6	压制	5
影响	26	要求	8	策动	6	威胁	5
提醒	24	带领	8	陪伴	6	关怀	5
支持	17	安排	8	掩映	6		
率领	15	帮助	7	陪同	5		
同意	15	敦促	7	打压	5		
作用[1]	14	监督	7	暗示	5		
推动	12	引导	7	教育	5		
支配	10	主持	7	约束	5		
坚持	9	允许	7	扶持	5		

高权势动词的高频出现，对“在NP的VP下”的高权势特征有一定影响。VP多数为“社会控制类”高权势动词，或者说，绝大多数“社会控制类”高权势动词都能进入“在NP的VP下”，如“指导、领导、统治、命令、教育、培养、干预、管理、管控”等。“社会控制”类动词都有强弱不等的“控制义”，与构式义是和谐组配。例如：

（34）在张老师的指导下，我觉得自己的写作能力有所提高。

（35）在暴君的统治下，人民生活得非常痛苦。

部分“高权势言语行为”动词，如“鼓励、叮嘱、喝令、查问、号召、提倡”等也能进入“在NP的VP下”构式。例如：

（36）在老师的鼓励下，他完成了实验。

（37）我在父母的再三叮嘱下动身去了省城。

此外，一些“高权势‘心理’动词”也能进入该构式，如“关心、关怀、娇宠、宠爱”等。例如：

（38）在中央政府的关怀下，自治区大规模地开展改水防病工程，取得了

[1] “在NP的作用下”中，NP都是与人无关的名词，如“上述物质便在胰岛素的作用下转变为脂肪”。这类句中的NP虽为非人名词，却对整个事件起到控制作用。

阶段性成果。

（39）这个孩子在父母的骄纵下，桀骜不驯，目空一切。

部分“帮助”类动词也能进入该构式，如“庇护、包庇、荫庇、扶持”等。

（40）在乡干部的包庇下，该村至今没有实行村务公开制度。

（41）董启明经营的姚坪养猪场在政府的扶持下发展迅速。

8.1.3 “在 NP 的 VP 下”构式义与动词的互动

构式义与动词义是一种互动关系，构式义的形成依赖于典型的构式成分；从共时的角度看，构式一般具有较强的能产性，构式对进入其中的动词有一定的限制。

8.1.3.1 构式压制作用

动词和构式之间存在互动，互动之后出现常规和非常规两种情况。前一种情况下，两者完全对应和一致，可相互融合，此时自然形成一个可完全接受的句子，而且语义得到加强；后一种情况下，两者完全不对应或不一致，若要形成一个可被接受的语句，构式会出现种种压制现象，迫使动词增添或削减角色（王寅，2011）。“在 NP1 的 VP1 下”构式有高权势倾向，表现为构式对高权势动词的偏爱。但一部分无明显权势色彩的动词也能进入该构式，在“构式压制”的作用下，被临时赋予高权势色彩，如“支持、安排、推动、坚持、提醒”等，例如：

（42a）商鞅在秦孝公的支持下实行变法。

（42b）*秦孝公在商鞅的支持下实行变法。

（43a）在蔡总教练的坚持下，中国男女乒乓球队进行了一次 40 多天的集训。

（43b）*在一位运动员的坚持下，中国男女乒乓球队进行了一次 40 多天的集训。

（44a）在爸爸的提醒下，小林仔细研究了各所学校的招生简章。

（44b）*在儿子的提醒下，小林仔细研究了各所学校的招生简章。

以“支持”为例,“支持”本无明显的权势特征，既可以用于低权势者对高权势者，也可以用于高权势者对低权势者。例如：

（45）公司领导支持他，让他担任分公司经理。

（46）地方党委和政府要积极支持上级部门的工作。

（45）和（46）中，既可以是高权势者“领导”支持下属“他”，也可以是下级“地方党委和政府”支持“上级部门”。但在“NP1 的 VP1 下”构式中，一般只能是高权势者“支持”低权势者，如（42a）不能变换为（42b），因为“商鞅”的权势低于“秦孝公”，不能作为 NP1 出现在构式中充当“支持”的施事定语。

“要求”也可以进入“在 NP1 的 VP1 下”构式，“要求”既可以用于低权势者对高权势者的语境中，也可以用于高权势者对低权势者的语境中。例如：

（47）在他再三要求下，当地领导安排他到焦作煤矿井下工作。

（48）在师傅的严格要求下，他学会了如何正确操作机床。

（47）中，“要求”的主体“他”的权势低于后续句中的“领导”，而（48）中，“要求”的主体“师傅”的权势高于后续句中的“他”。

“陪同”“保护”等无明显权势特征的动词既可以用于高权势者对低权势者的语境中，也可用于低权势者对高权势者的语境中。例如：

（49a）上任伊始，将军在下属的陪同下巡视校园。

（50a）不少孩子在家长的陪同下，哭红了眼睛去找数学老师。

（51）陈友谅在部将保护下，抢了一条小船，总算逃了命。

（52）在党和政府的保护下，徐荣祥教授顺利回到祖国。

（49a）中,“陪同”动作的发出者“下属”在权势上低于“陪同”对象“将军”，而（50a）中,“陪同”动作的发出者“家长”则在权势上高于“陪同”对象“孩子”。（51）中“保护”动作的发出者“部将”在权势上低于“保护”对象“陈友谅”，而（52 ）中“保护”动作的发出者“党和政府”则在权势上高于“保护”对象“徐荣祥”。但是我们注意到,（49a）中的“NP1”和“NP2”不能互换位置，而（50a）中的“NP1”和“NP2”则可互换位置。例如：

（49b）* 上任伊始，下属在将军的陪同下巡视校园。

（50b）不少家长在孩子的陪同下参观校园。

由此可见，“上下级”关系的权势等级较“亲属关系”的权势等级更为严格。在严格的上下级关系中,“陪同”一般只用于下级对上级，不用于上级对下级；而亲属类的权势关系中，如长辈晚辈之间，则可互换。

8.1.3.2 “在NP的VP下”中的低权势动词

“在NP1的VP1下”一般要求句中动词具有高权势特征，即使没有高权势特征，由于构式压制的作用也往往会赋予句中动词临时的高权势色彩。但构式压制的作用是有限的，无权势色彩的动词进入构式可以被赋予高权势色彩，但一些有明显低权势色彩的动词进入构式后，则较难被赋予高权势色彩。“请求”类动词都是低权势动词，但可用于“在NP1的VP1下”构式。例如：

（53）在他的请求下，法官允许他缴纳保释金到监狱外休养。

（54）在女儿一再恳求下，二老和她一起启程南下。

（55）在我的再三央求下，父母为我扣了一座蔬菜大棚。

“请求”“恳求”和“央求”[1]都是低权势动词，（53）中“请求”动作的发出者“他”在权势上低于“请求”对象“法官”。（54）中“恳求”动作的发出者“女儿”在权势上低于“二老”；同样，（55）中“央求”的动作发出者“我”在权势上低于“父母”。这些例子看似与“在NP1的VP1下”构式义相矛盾，但“请求”“恳求”“央求”等词表示的“请求”行为的动词语力较强，在心理上给请求对象造成某种压力，使其较难拒绝，从而形成被请求者主观上的弱势，因而“请求”类动词可以进入“在NP1的VP1下”构式。从“取效”的结果来看，包含“请求”类动词的“在NP1的VP1下”构式的后续句总是符合“请求”动作发出者的预期，如（53）取得的效果是“法官允许他到监狱外休养”；（54）取得的效果是“二老（同意）和她一起启程南下”；（55）取得的效果是“父母硬着头皮为我扣了蔬菜大棚。”

需要说明的是，“在NP的VP下”构式一般用于正式语体中，VP必须为双音节正式语体动词。例如：

（56a）在父亲的教育下，他成了一名优秀的科学家。

（56b）*在父亲的教下，他成了一名优秀的科学家。

（57a）在老师的帮助下，我完成了论文。

---

[1] 《现代汉语词典》中，请求：说明要求，希望得到满足；恳求：恳切的请求；央求：恳求。

（57b）*在老师的帮忙下，我完成了论文。

（56b）中的“教”和（57b）中的“帮忙”都具有非正式语体色彩，不能用于该构式。

8.1.4 前一事件与后续事件的匹配

“在 NP1 的 VP1 下，NP2 VP2”中包含两个事件，前一事件是背景信息，后一事件是前景信息，前后事件之间常常具有因果关系，后续事件常常受前一事件的制约。

前一事件的“因”造成后一事件的“果”，这种“果”既有积极的结果，也有消极的结果，还有中性的结果，不同的结果与前一事件中的 VP1 有关，有些 VP1 只能导致消极结果，有些 VP1 只能导致积极结果，有些 VP1 既可以导致积极结果，也可以导致消极结果或中性结果。

8.1.4.1 导致积极结果的 VP1

一般来说，前一事件中的 VP1 如果偏向积极色彩，后续事件往往也是积极结果。例如“教育、指导”类动词“指导、教育、教导、引导、培养、垂范、指点、带动、点拨、点化、启示、熏陶、示范、指挥”等，“教育、指导”的对象一般是人，目标必定是符合社会规范和预期的。“在 NP1 的 VP1 下”是后续事件的原因与条件，后续事件一般是积极结果。例如：

（58a）在张老师的指导下，我觉得自己的写作能力有所提高。

（58b）*在张老师的指导下，我觉得自己的写作能力下降了。

前一事件中的 VP1 为“领导”类动词“领导、率领、带领、统领”时，后续事件也往往是积极结果，符合动作发出者和接受者的预期。

前一事件中的“VP1”为“关心、帮助、保护”类动词，如“关怀、关心、宠爱、支持、推动、促进、促使、帮助、扶持、力促、鼓励、协助、协作、配合、挽救、照顾、照看、荫庇、守卫、保护、护送、护卫、掩护、保障、陪伴”等时，后续事件一般为积极结果，这类动词的预期结果一般符合动作发出者和接受者的预期。例如：

（59a）在父亲的帮助下，希尔顿终于在一年后反败为胜。

（59b）*在父亲的帮助下，希尔顿失败了。

（60a）在饲养员的关心和照顾下，这只小熊猫活了过来。

（60b）* 在饲养员的关心和照顾下，这只小熊猫死了。

前一事件中的“VP1”为“提醒、管理、提倡”类动词时，后续事件往往符合动作发出者预期的积极结果，这类动词包括“管理、安排、张罗、操持、奔走、组织、调控、调动、参与、主持、号召、敦促、过问、倡导、提倡、呼吁、询问、叮嘱、说合、斡旋、调解、支撑、维系、坚持、推举、吸引、痛击、服侍、争取、提醒、注视、查问、发动、恳求、央求”等。例如：

（61a）他知道对于一位领袖来说，有时间去思考是多么重要。在他的坚持下，他手下的人员每天要留出几小时让他去专心思考问题。

（61b）* 他知道对于一位领袖来说，有时间去思考是多么重要。在他的坚持下，他手下的人员每天都让他忙碌而无心思考问题。

（62a）在妈妈的一再查问下，他终于说出了实情。

（62b）* 在妈妈的查问下，他撒了谎。

“留几小时专心思考问题”和“说出实情”不一定是社会评价中的积极结果，但一定是符合 NP1 预期的结果。

8.1.4.2 导致消极结果的 VP1

一般来说，前一事件中的 VP1 如果偏向消极色彩，后续事件往往也是消极结果，这种消极结果是不符合社会预期或相对于 NP2 而言的。这类动词主要包括“统治、打击”类，如“打压、压制、统治、独裁、欺压、挤压、镇压、操纵、把持、压迫、侵略、打击、扼杀、占领、威胁、胁迫、迫使、催逼、逼迫、残害、阻挠”等，这类动词一般是施事使用强制手段，对 NP2 造成伤害或不如意的结果。例如：

（63a）这次起义在清政府的血腥镇压下失败。

（63b）* 这次起义在清政府的血腥镇压下成功了。

（64a）宋孝宗在金兵的威胁下，抗金决心也就动摇起来。

（64b）* 宋孝宗在金兵的威胁下，抗金决心更加坚定了。

（64a）中的“决心动摇”对于 NP2“宋朝”一方来说是具有消极意义的。

当 VP1 为“统治”时，后续事件往往也是不如意的或不符合社会预期的结果。例如：

（65a）在帝国主义的统治下，人民过得非常痛苦。

（65b）* 在帝国主义的统治下，人民过得非常幸福。

（66a）在暴君的统治下，这些改革是永远也不会完成的。

（66b）* 在暴君的统治下，这些改革终将完成。

"统治"本无消极意义，但在实际使用中却常常带有消极色彩。在无产阶级思想指导下，笔者倾向于认为"统治"是阶级社会的产物。例如，我们一般不会说"共产党的统治""无产阶级的统治"。"统治的"修饰语往往带有消极色彩，例如"血腥统治""封建统治"等，所以"在 NP 的统治下"的后续事件多是消极结果，但这种消极色彩在谈论与当前政治语境无关的情形时也有例外。例如：

（67）事实上，波斯在萨菲王朝的统治下确已成为一大强国。

当 VP1 为"娇惯、怂恿"等消极意义词语时，引发的后果往往是消极的，这类词语主要有"娇惯、骄纵、包庇、纵容、怂恿、教唆、诱使、诱惑、诱导、诱骗、哄骗、勾引、劝诱、骚扰、扰乱、打骂、掩盖、暴晒、撕扯、冲击[1]"，这种消极后果主要是对于受事来说的。例如：

（68a）在金钱的诱惑下，黄松仁在犯罪的道路上越走越远。

（68b）* 在金钱的诱惑下，黄松仁走上了正路。

（69a）起初并不想偷的阿标在阿龙的打骂下，被迫开始了偷窃。

（69b）* 阿标在阿龙的打骂下做起了好事。

（68a）中"在犯罪的道路上越走越远"、（69a）中的"开始偷窃"、（68b）中的"走上正路"、（69b）中的"做起了好事"则是积极的结果。而积极的结果都不能进入上述后续句中。

8.1.4.3　导致中性结果的 VP1

当 VP1 为"影响、支配、控制、作用、默许、允许、押送、陪同、陪伴、簇拥、许可、搀扶、庇护、要求、目送、干预、反对、追逐、搀扶、劝说、看管、催促、驱动、驱使、指派、逼视、追问、制约、命令、责令、刺激、规划、反衬、吸引、防守、授权"等动词时，后续句或者为消极结果，或者为积

[1] "撕扯、冲击"等词对动作对象有破坏性，因此，我们把这类词也列入"消极意义"动词。

极结果，或者为中性结果。这类词本身无明显的积极或消极评价，因此对后续句没有确定的积极或消极要求。以“影响”为例：

（70a）年幼的史东也就在母亲的影响下，种下了他这一生事业的第一颗种子。

（70b）个别领导干部在社会不良风气的影响下，心理失衡，利用手中权力侵吞国有资产。

（70c）“洋泾浜”是外语在当地语言的影响下出现的变种。

（70a）是积极的结果；（70b）是消极的结果；（70c）是中性的结果。但“在 NP1 的影响下”导致的积极结果居多。

8.2 NP1在NP2（的）VP中

非持续义和过程义的“NP1 在 NP2(的)VP 中”也具有高权势特征。例如：

（71a）组织成员的一切活动无不在监察部的严密监视和控制中。

（72a）俄罗斯金融体系也在国际共会金融体系的掌控中。

“NP1 在 NP2（的）VP 中”构式意义为 NP1 受到 NP2 的制约和控制，NP1 处于NP2限制的条件中。例如（71a）中“组织成员”受到“监察部”的限制，在其“监视和控制中”活动。

“NP1 在 NP2（的）VP 中”构式由三部分组成，“在……中”“NP1、NP2”和“VP”。构式的高权势特征与其组成成分有密切的关系。

8.2.1 “在……中”的控制义

“中”本义为边界相对模糊的“中间、正中”义（姜海燕，2014），“NP1 在 NP2（的）VP 中”构式把 NP2 控制的某种情况看作一个容器，而 NP1 则处于这个容器中。

把高权势者掌控的某个事件或某种情况看作容器，低权势者置身其中，行动受到高权势者的控制，因此整个构式便附加了一层高权势色彩。在这点上，“NP1 在 NP2（的）VP 中”与“在 NP 的 VP 下”非常相似，二者有时可以在基本保持原意的情况下互换。例如：

（71b）组织成员的一切活动无不在监察部的严密监视和控制下进行。

（72b）俄罗斯金融体系也在国际共会金融体系的掌控下。

"NP1 在 NP2（的）VP 中"常常具有"强制"色彩。"在 NP 的 VP 下"分两种情况，一种具有较强的强制性，在这个意义上，"NP1 在 NP2（的）VP 中"可与之互换；另一种凸显"影响"，不具强制性，在这个意义上，一般不能换用"NP1 在 NP2（的）VP 中"。例如：

（73a）在党和政府的关心下，失学儿童重新走入课堂。

（73b）* 在党和政府的关心中，失学儿童重新走入课堂。

（74a）学生们在老师的引导下纷纷表示愿意为灾区儿童捐款。

（74b）* 学生们在老师的引导中纷纷表示愿意为灾区儿童捐款。

"关心"和"引导"不具强制性，与"NP1 在 NP2（的）VP 中"的较强的控制性和影响性不和谐，因此不能进入该构式。

8.2.2　"NP1 在 NP2（的）VP 中"中的 VP

能够进入"NP1 在 NP2（的）VP 中"的动词范围比"在 NP 的 VP 下"要小，大都是具有强制特征的高权势"社会管理类"动词，如"把持、支配、控制、管辖、约束、压制、看管、管理、占领、指挥、制约、监督、监控"等，这些动词共同的特征都是施事对受事进行掌控和约束，使受事的活动严格处于施事监管之下。

"荫庇、庇护、娇惯、骄纵、关怀、鼓励、照顾、保护"等动词也可进入该构式，后者除"照顾、保护"外，都具有高权势色彩。这类动词共有的特征是施事为受事提供一个严格受到保护的环境，使受事在这个环境框架内活动。例如：

（75）他一直生活在祖父母的荫庇中。

（76）孩子们在老师和家长的关怀中茁壮成长。

（77）证人在警方的严格保护中出庭做证。

8.2.3　NP1 和 NP2 的特征

NP1 和 NP2 的关系也是"NP1 在 NP2（的）VP 中"构式高权势特征的来源之一，典型的 NP1 和 NP2 之间有权势上的差异，一般 NP2 的权势高于 NP1 的权势，具体来说，NP1 和 NP2 主要有以下几种关系：

（一）NP1 与 NP2 有上下级关系或长辈与晚辈关系，例如：

（78）这些人都在邓主任的管辖中。

（79）孩子在爷爷奶奶的娇宠中越来越蛮横。

（二）NP1 为组织机构，NP2 为领导者，例如：

（80）整个禁军都在他掌控中。

（81）整个后宫都在武后的把持中。

（三）NP1 为管辖地，NP2 为管辖者，例如：

（82）眼下山西还在北洋军的掌控中。

（83）这些地方现如今都在察罕的掌控中。

（四）NP1 和 NP2 都是机构，二者之间有隶属关系，例如：

（84）这家公司一直处于英国政府的监控中。

（85）子公司一直处于母公司的管理中。

有的 NP1 和 NP2 之间无明显的权势关系，例如：

（86）一切情况都在卫王和左仆射大人的控制中。

（87）在内外环境的制约中，大盘有望就此探明底部。

8.2.4 “NP1 在 NP2（的）VP 中”总体特征

不凸显持续义和过程义的“NP1 在 NP2 的 VP 中”具有高权势特征，其高权势特征主要源于“在……中”的“控制”义、VP 的高权势义、“NP1 与 NP2”之间的权势关系。

一般来说，能进入“NP1 在 NP2 的 VP 中”格式的动词都能进入“在 NP 的 VP 下”格式，前者对动词的选择更严格，只有具有较强“控制”义的“社会管理类”动词和具有“保护”义的动词才能进入该构式。而构式中的 NP1 和 NP2 往往具有上下级关系、管辖与被管辖关系。

8.3 VP下

“下”隐喻为“控制”义。“下”的控制义不只体现在“在 NP 的 VP 下”构式中，还有相当一部分“施与”类动词和社会管理向的单音节动词也能与“下”组成“VP 下”格式（非“在……下”），并具有高权势特征。例如：

（88）杨军门，请速将擅闯提督府辱骂钦差的刁妇拿下！

（89）维冈前锋萨蒙在准备背接球，用手推搡卡里克的脸部，被主裁多德直接出示红牌罚下。

（90）铁了心的朱元璋干脆就直接派下五百禁军，押送着安庆公主离去。

（91）国家批下这个公司的这个项目，由于资金不到位而搁浅。

（92）上面颁下一道命令。

（93）这是老天爷赐下的神鱼，吃了必定有福。

（94）公司好不容易给批下了这个加人名额。

具有高权势特征的“VP下”中的VP数量不多，能产性也比较低。不过一些不具有高权势特征或高权势特征不明显的“施与”类动词单音节动词后加“下”之后往往具有明显的高权势色彩。例如：

（95）老师给每人发了一张纸。

（96）新郎新娘给在场的嘉宾发喜糖。

“发”即可用于高权势者对低权势者，如（95），也可用于不凸显权势关系的场合，如（96），不过加“下”之后，则只能用于高权势者对低权势者，“下”赋予了动词高权势色彩。例如：

（97a）县里紧急给受灾乡发下粮食。

（97b）* 新郎新娘给在场的嘉宾发下喜糖。

“VP下”中的VP一般为单音动词，二者的组合有较强的正式语体色彩，适用的范围较窄，类似的还有“施与”类动词“分、拨、送、传”等，这些单音节词一般单用时无权势色彩或不凸显权势色彩，但与“下”组合后便具有了高权势特征。例如：

（98a）省里给我们县分下一批紧急救灾物资。

（98b）* 我们县里给省里分下一批物资。

“分”有“分配”义，有高权势倾向，但这种倾向并不明显。例如：

（99）弟弟把糖分给了小朋友一半。

（99）中弟弟是“糖”的所有者，从这个角度看“弟弟”比“小朋友”在对“糖”的处置权上具有高权势，不过这种高权势并不明显，“弟弟”和“小朋友”的位置可以互换。例如：

（100）那个小朋友把糖分给了弟弟一半。

但是如果后加“下”之后，“分”的高权势色彩被充分激活，如（98a）中具有高权势的“省里”和低权势者“县里”则不能互换位置，如（98b）。

“送”也无权势色彩，但在其后加“下”之后便被赋予高权势色彩，高权势者和低权势者不能互换位置。

有时动词后附“下来、下去”也会被赋予高权势色彩。

（101a）这个消息肯定没错，是从高层传下来的。

（101b）*这个消息是从基层传下来的。

（102a）他让人把这些酒食给守夜的士兵分下去。

（102b）*他让人把这些酒食给领导分下去。

8.4 VP上

“上”作为动词有“由低处到高处”的意思，可隐喻为社会空间的由低到高的动作。例如：

（103）他爬上了领导的位置。

（104）李鸿章此举，显然是在推袁世凯上位。

（105）美国总统布什上台伊始，就以“教育总统”自居。

“上”可以置于高权势“施与”类动词单音节动词后。例如：

（106）当年受拉贝保护的20多万市民及其亲属，依次向拉贝夫妇恭恭敬敬地献上鲜花。

（107）严知孝坐在沙发上，仆人给他敬上茶。

（108）他双手给堂叔奉上一张自己的名片。

（109）伊拉克必须向联合国安理会呈上一份“全面、精确、完整”的报告。

“献”“敬”“奉”“呈”等“施与”类动词本身具有高权施事特征，不过单音节的韵律特征常常限制它们使用的范围，如“奉、呈”等很难单独在句中出现，因此常常需要附加音节使其双音化，后加“上”之后在韵律上更为自由，并且这些词都表示社会空间的“上向”，与表示“上向”的“上”是和谐组配，“上”对其高权势特征有强化作用。

部分非社会空间“施与”类动词本身没有权势特征，但在后加“上”之后，便具有了高权势特征。例如：

（110a）老师交给学生一份试卷。

（110b）学生向老师交上了一份试卷。

（110c）*老师向学生交上了一份试卷。

（111a）领导给他递了一支烟。

（111b）他向领导递上一支烟。

（111c）*领导向他递上一支烟。

“交、递”后加趋向动词“上”之后，被“VP上”赋予高权势特征。因此我们可以使“VP上”具有高权势特征，不过使用的范围不大，“VP上”中的VP一般只能是非低权势“施与”类动词，高权势“施与”类动词不能进入该构式。例如：

（112a）他奖给了我一本书。

（112b）*他奖上我一本书。

另外，“VP上”构式中的动词一般是单音节，能进入该格式的双音节动词很少，例如：

（113a）他向党呈递上一份满意的答卷。

（113b）他向党递交上了一份满意的答卷。

（113c）*他向上级呈交上了一份报告。

双音节社会空间低权势“施与”类动词更倾向于与“上来、上去”连用，“上”此处与趋向动词“上来、上去”功能相近，只是不凸显说话人的视角。

8.5 NP亲自VP

“NP亲自VP”对权势关系也比较敏感。例如：

（114a）爷爷亲自给他倒了一杯茶。

（114b）*他亲自给爷爷倒了一杯茶。

（115a）城建局局长亲自上街打扫卫生。

（115b）*环卫工人亲自上街打扫卫生。

（114b）之所以不成立，是因为“爷爷”的权势高于“他”，晚辈给长辈倒茶是正常的，符合人们的预期，而长辈给晚辈倒茶，在中国社会的文化中则是不正常的，不符合人们的社会预期。同样，（115b）中“环卫工人”的本职工作就是打扫卫生，“上街打扫卫生”是符合“环卫工人”的身份预期的，而

（115a）中“城建局局长”的身份则与“上街打扫卫生”不符，“城建局局长”的身份和地位都比较高，他的社会职责和人们对他的身份和职能的预期并非“上街打扫卫生”。“NP 亲自 VP”因此便具有了高权势者违反社会对他们的身份预期做一些本应由低权势者完成的事情的意义。

8.5.1 “NP 亲自 VP”的高权势色彩

“NP 亲自 VP”构式的高权势特征源自“亲自”。“亲自”为副词，《现代汉语词典》解释为“自己直接（做）”，并未显示“亲自”的高权势色彩。例如：

（116）他自己直接给爷爷倒了一杯茶。

（117）环卫工人自己直接上街打扫卫生。

“亲自”为何会使整个结构带有高权势色彩，需要进一步探讨。“NP 亲自 VP”有强烈的主观色彩，“孙子给爷爷倒茶”和“爷爷给孙子倒茶”都是客观事件，在客观世界都有可能发生，但是在汉文化的主观世界，后面的事件则是不正常的，需要特别标记，“亲自”便是这样一个标记，是说话人着力凸显的焦点。焦点是从一组可能成为焦点的候选者中最终被挑选出来的一个，这些焦点的候选成分和实际胜出的焦点成分构成了一个集合，可以称之为焦点域，焦点域中的各个元素之间具有对比和交替关系（袁毓林，2008）。在“亲自 VP”这个焦点取值范围内，除了“亲自 VP”选项，还有“非亲自 VP”选项，而后者一般更符合社会预期，“亲自 VP”选项往往是出乎意料的，出乎意料有 VP 施事身份的原因，也有其他原因。人们做事遵循经济原则，不用亲力亲为的事情必定是省力的和经济的，所以在人们的预期中是无标记的；而本可以非亲力亲为的事情却一定要亲力亲为，则是不符合人们预期的，是有标记的。因此“NP 亲自 VP”是一个“反预期”结构。韩志刚（2009）也曾发现发话人使用“亲自”时，心中存在一个“直接行事途径”的认知模式，即有两种途径可达成目标，一个是直接行事途径，另一个是间接行事途径，而“亲自”标记的是直接途径，是一个反预期的标记。

“反预期”并不等同于“高权势”，有一类“NP 亲自 VP”并不凸显高权势特征，例如：

（118）我常对在台湾的友人说：“只有亲自来上海，你才能体会真正的上海。”

（119）结婚的男女双方必须亲自到婚姻登记机关进行结婚登记。

（118）中使用“亲自”强调确保信息来源的可靠，获取信息可有不同的途径，既可以“亲自来上海”，也可以“非亲自来上海”通过其他手段了解，而后者一般更省力；（119）中使用“亲自”则凸显事情的重要性，即“登记”可有其他选项，既可本人来，也可非本人来，而“亲自到婚姻登记机关登记”则是众多选项中最费力的一个，因此需要“亲自”来标记。这类“NP 亲自 VP”一般不具有高权势特征。

“NP 亲自 VP”不凸显高权势特征的句子所占比例并不多，据吴永荣（2013）统计，不凸显权势特征，只表示“亲身去做事”的句子在考察的 1207 条语料中，共有 153 例，大约占总语料数的 12.7%，也就是说，87.3% 的“NP 亲自 VP”具有高权势特征。

凸显高权势特征的“NP 亲自 VP”的反预期是由 NP 的特殊地位导致的。身份地位较高的人可以对下属发号施令，一些工作可以由下属来完成，不必亲自去做，这是正常的，符合社会的一般预期，而亲自去做则是反预期的，需要由“亲自”来标记，因此“NP 亲自 VP”便带有高权势色彩。这种高权势不一定是 VP 的施事相对于受事或与事的高权势，而是与预设中——可供选择的符合社会一般预期的选项中——VP 的施事相对而言的。例如：

（120a）王莽亲自给汉平帝献上一杯毒酒。

（121a）马夫人亲自到宫里向汉光武帝去请罪。

（120a）中 VP 的施事“王莽”在权势上明显低于与事“汉平帝”，（121a）中 VP“到”的施事“马夫人”在权势上低于“汉光武帝”。上述句子可作如下理解：

（120b）王莽本可以让听命于他的人给汉平帝献上一杯毒酒，但他却亲自做了。

（120c）* 王莽本可以让上级给汉平帝献上一杯毒酒，但他却亲自做了。

“本可”凸显了反预期，即后面的成分是一般社会预期中更可能发生的事情，上述句中（b）都成立，而（c）都不成立，因为（c）中预期事件中的 VP 的施事在权势上高于实际发生的事件中动词的施事。

除了凸显高权势特征外，“NP 亲自 VP”构式表示的事件一般为社会积极评价或正面评价行为，很少是消极行为或社会负面评价行为。除（120a）在社会评价中为消极评价外，大多数都是积极评价。这与“NP 亲自 VP”的构式意义有关，该构式意义为违反一般社会预期选择较为费力的方式亲力亲为，从说话人的角度看是值得褒扬的，尤其是当亲力亲为者权势较高时，这种亲力亲为甚至屈尊来做某事，体现了高权势施事对所做事情的重视，因此一般社会评价负面的或否定的事件很难进入该构式。例如：

（122）*他亲自殴打小同学。

（123）*他亲自到火车站偷东西。

（124）*他经常亲自干坏事。

8.5.2 “NP 亲自 VP”中的 NP

“NP 亲自 VP”中，NP 的生命度较高，一般只能是具有高权势色彩的表人名词、代词，而不能是机构名词、无生命名词。例如：

（125）总统苏哈托亲自为落成典礼剪彩。

（126）海陵王亲自前往大房山视察。

（127）学校财政捉襟见肘，校长还得亲自向慈善团体求助。

（125）中的“总统苏哈托”包含指人专有名词“苏哈托”和职务名词“总统”。

笔者考察的 2000 个句子里只有两个是以机构名作“NP 亲自 VP”构式中的 NP 的，这些句子可接受性较低。例如：

（128）*为了下好经济这盘棋，中央必须亲自把握这粒棋子。

（129）*后来罗马尼亚政府亲自出面澄清，这一事件才平息下来。

8.5.3 “NP 亲自 VP”中的 VP

马庆株（1990）指出，能受方式副词“亲自”修饰是自主动词的一个特点。“亲自”修饰的动词为自主动词，非自主动词不能出现在“亲自”后。能出现在“NP 亲自 VP”构式中的动词数量较多，但多为动作性较强的自主动词，动作性较弱的动词或非自主动词不能进入该构式。例如：

（130）*他亲自看见了母亲。

（131）*老师亲自知道了这件事。

（132）*这是我亲自经历的一件事。

韩志刚（2009）对《汉语动词用法词典》中 2170 个动词词条逐一试验，

查出自主动词约1630个，其中可以与“亲自”组合的大约有1160个，占全部动词约53%，占自主动词约71%。不能与“亲自”修饰的动词主要有：

①有贬义色彩的词语，如巴结、霸占、剥削、欺压、欺负、叛变……

②表示心智活动、态度行为的动词，如顺从、尊敬、遵守、体贴、拥护、推测……

③表示肢体活动、器官活动的词，如蹦、跳、躺、逃、哭、笑……

④表示绝对个人社会行为的词，如奋斗、结婚、抗议、散步、离开……

⑤表示社会集体行为的词语，如包围、表决、出版、发行、成立、建设、建筑、运输、排练、开展、占领……

这些词中有相当一部分是动作性较弱的词，如①②中的动词，④⑤中的部分动词如“奋斗、开展、成立、表决、出版、发行”等。③⑤中很多动词在一定的语言环境中，可以出现在“亲自”之后。例如：

（133a）*校长亲自跳绳。

（133b）在全县教师运动会上，跳绳项目是我们校长亲自跳的。

“亲自VP”是句子的焦点，一般来说，焦点多多少少都带有对比的意义。（133a）中的“跳绳”如果只单纯表现个人的活动，无法进入该构式。（133b）之所以成立，是因为此时“校长”的“跳”不再是存粹的个体行为，而是有可替代性方案的行为，即可以由其他老师来“跳”。

8.6　小结

现代汉语中，有些构式具有权势色彩，如“在NP的VP下”“NP1在NP2（的）VP中”“VP下”“VP上”和“NP亲自VP”都具有高权势色彩。

社会空间的方向与物理空间的方向有对应关系，物理空间的“下”作为动词表示从上到下的运动方向，社会空间的“下”也表示高权势者对低权势者的动作，并且“下”组成的构式也具有高权势色彩，如“在NP的VP下”“VP下”；反之，“上”在物理空间表示从低到高的运动方向，在社会空间则有低权势的特征，并有赋予构式“VP上”低权势色彩的功能。“中”则有把事件解读为容器的功能，一个事物在容器中活动，必受其限制，因此发展出“控制”义，从而具有高权势色彩，如“NP1在NP2（的）VP中”构式。

“NP 亲自 VP”构式的高权势色彩主要源自该构式的反预期特性，本来完成 VP 的方式有多种，一种需要亲力亲为，另一种不需要亲力亲为，亲力亲为的行为方式往往是比较费力的，由于经济原则的作用，一般社会预期选择较为省力的方式去做，选择费力的方式则需要用“亲自”标记。尤其当 NP 的社会地位较高时，亲自去做某事更凸显与一般社会预期的相反性以及“NP 亲自 VP”的高权势特征，说话人主观上对此持褒扬的态度。

第9章　社会空间动词的语体特征

语体是为了适应交际的需要而产生的。（陶红印，1999，2007；冯胜利，2003，2010；张伯江，2012）。从话语生成的角度看，人们会根据彼此关系的亲疏、对言谈对象的了解调整选词、造句、语音等手段，形成恰当的语体，以期达到最合适的交际效果。任何心智成熟的本族语者在生成任何句子的时候，"都进入了一个受语体制约的系统，在选定文本语体类型之后，语体规则便开始在线监督书写者的每一个用词、每一个句子的构造，语体规则无时无刻不控制着写作者"。（金立鑫、白水振，2012）

朱德熙（1987）认为，书面语和口语语料的不同会影响语法研究的结论，应该对口语语法和书面语语法分别研究。胡明扬（1993）认为，"现代汉语语法研究带来最大困难的是口语和书面语之间的差异"。张伯江、方梅（1996）、陶红印（1999，2007）、孙德金（2012）、方梅（2013）、冯胜利（2003，2010，2015）等都曾指出区分语体在语法研究中的重要性。

语法研究中的语体关注，是从社会运用角度对语法的观察，是语言研究发展的必然结果，是我们从关注孤立的结构延伸到关注语言的社会交际环境的产物（张伯江，2012）。修辞学注重语体的风格分类，而语法研究者更关注语体差异对语法表现的影响。恰切的语体观察，是说明语法规律的最佳途径。研究目的不同，语体分类也不同，陶红印（1997）、张伯江（2007，2012）、方梅（2007）、冯胜利（2003，2010，2015）等都对语体分类作出了思考。

社会空间动词的使用主要涉及权势关系双方，是否选用社会空间动词来表达一个事件，与信息载体有关，也与文体类型有关，但笔者认为主要与适用场合相关。一般正式场合凸显权势差异，非正式场合既可凸显这种差异，也可不凸显，因此，根据我们研究的目的，我们把权势关系动词的语体风格确定为正式语体与非正式语体的对立。社会空间动词更倾向于具有正式语体的特征。

9.1 社会空间动词的语体特征

社会空间动词倾向于用于正式语体中，笔者的调查也证实了这一点，在我们选定的社会空间动词中，具有非正式语体特征的动词有 54 个，仅占总数的 5% 左右，其他 95% 的动词都具有程度不同的正式语体特征。

具有非正式语体特征的社会空间动词主要有：

低权势动词：挨板子、挨批、巴结①、抄家、接班②、告②、告状①、缴、拍马屁、求①、攀高枝儿、认罚、受罚、养老①、造反、仗③、交①、顶嘴、还嘴

高权势动词：把关、摆架子、摆谱、称大、撑腰、宠①、教、奖①、赏①、调 1 ①、嘱咐、蹲点、发话①、罚、炒④、开除、管 2 ①②③、抓③、查①、撸②、开刀②、训①、扣④、拍板③、判③④、批 2 ①②、审 1 ③、使唤①、数说②、数落①、说④、派 1 ⑥、整③、发①、穿小鞋

正式语体与非正式语体并非截然二分，二者是一个连续统，在这个连续统的两端是典型的非正式语体和典型的正式语体，中间是一个处于正式与非正式之间的地带。对社会空间动词来说，也是如此，一部分社会空间动词具有典型的正式语体特征，另一部分具有典型的非正式语体特征，还有一些处于二者之间。以“开除”及语义接近的词语“炒④、革职”为例：

“炒④”在《现代汉语词典》中的解释为“指解雇”。“炒④”是源于方言，本为“炒鱿鱼”，后简化为“炒”，一般只用于非正式场合。例如：

（1a）他不好好干，老板把他炒了。

（1a）为非正式语体，是非正式的表达，因此可用“炒”，而涉及较为严肃的话题，即为较严肃的场合，因此不能用非正式语体“炒”，而应采用正式语体特征的动词，如“开除、革职”。

与“革职”相比，“开除”的正式语体特征较弱，还可用于非正式场合，带有非正式的语体特征，而“革职”只能用于正式场合，不能用于非正式场合。例如：

（1d）他不好好干，老板把他开除了。

（1e）*他不好好干，老板把他革职了。

“炒④、开除、革职”在语体特征上是一个从非正式到正式的连续统：

炒④ > 开除 > 革职

“炒④”位于这个连续统的最左端，具有典型的非正式语体特征，只能用于非正式语体中；“革职”位于这个连续统的最右端，具有典型的正式语体特征，只能用于正式语体中；“开除”则处于二者的中间地带，是从非正式语体到正式语体的过渡，既可以用于非正式语体，也可以用于正式语体。

9.2　社会空间动词的韵律特征及对权势关系的影响

冯胜利（2015）指出“口语体尚单（及轻声）、正式体用双”。即现代汉语中，口语体（非正式体）倾向于使用单音节词，正式语体倾向于使用双音节词。

社会空间动词中，正式语体色彩的词都是双音节词，而非正式语体的动词既有单音节，也有双音节，还有三音节。非正式语体低权势动词中，单音节动词有 5 个，双音节动词有 11 个，三音节动词有 3 个；非正式语体高权势动词中，单音节有 22 个，双音节动词有 12 个，三音节动词有 1 个。总体来看，非正式语体社会空间动词中，单音节词占 50%，双音节词占 42%，单音节词略占优势。

多数双音节社会空间动词都有相对应的意义相近的单音节形式，有时双音节与单音节还会共用语素，如“告”与“上告、控告”等。一般来说，单音节动词为非正式语体词，而与之对应的双音节为正式语体动词。

除了语体差异，单双音节在权势关系的对应上也不相同，分为几种情况：

9.2.1　单双音节动词都具有权势特征

这类对应的单音节与双音节都为高权势或低权势动词。例如：

“告②”对应“上告、起诉、控告”等；

“求①”对应“请求、哀求、祈求、乞求”等；

“赏①”对应“赏赐、奖赏”等；

“仗③”对应“仰仗、仗势、依仗、倚仗、仗恃”等；

“查①”对应“检查、盘查、稽查”等；

“炒④”对应“开除、解职、解雇、革职”等；

“宠”对应“宠爱”等；

“罚”对应“惩罚、处罚、罚款”等；

“调 1 ①”对应“调度、调派、调遣、选调”等；

“管 2 ①②③”对应“管理、看管；[1]管辖、节制、管控；管教”等；

“扣④”对应“扣发、扣押、扣压”等；

“撸”对应“降职”等；

“叛③④”对应“裁判；判处”；

“训①”对应“训斥、斥责、呵斥、苛责”等；

“批 2 ①②”对应“批准、批评、批判”等；

“审 1 ③”对应“审问、审讯、突审”等；

“抓③”对应“缉捕、抓捕、缉拿、拘捕、拿获”等。

单音节动词多为多义，涉及社会空间权势关系的只是其中一个或几个义项，从造词法的角度来看，单音节词在双音化过程中语义越来越精细，分化出的双音节动词义项一般较少，并且有效分化出了单音节动词中权势特征的意义，如“管 2 ①②③”中”①义为“管理、看管”分化；②义为“管辖、管控”分化；③义为“管教”分化等。

9.2.2 单双音节与有无权势特征的对立

单音节动词无明显权势特征，而对应的双音节动词则具有高权势特征或低权势特征。例如：

“陪”与“陪同”等；

“听”与“聆听”等；

“交①”与“上交、呈交、递交”等。

“陪”为非正式语体词，权势义不明显，既可以用于高权势者对低权势者，也可用于低权势者对高权势者。例如：

（2a）妈妈陪着儿子在家玩儿。

（2b）周末他要陪妈妈去医院。

（3a）厂长一直陪着我们几个新来的工人参观。

---

[1] 并列词项中用“ ；”分化单音节词的不同义项。下同。

（3b）我们陪着厂长去参观。

（2a）和（3a）都是高权势者“陪”低权势者；（2b）和（3b）则为低权势者“陪”高权势者。

而“陪同”一般只能用于低权势者对高权势者。

有时“陪同者”与“被陪同者”之间没有权势差异，但“被陪同者”为比较尊贵的客人，中国有以客为尊的传统，此时也可使用“陪同”。例如：

（4）北京大学的负责人陪同印度客人参观了学校的图书馆等教学设施。

“听”与“聆听”也是如此，“听”没有权势特征，而“聆听”既可以用于低权势者对高权势者，也可用于高权势者对低权势者。例如：

（5）心理专家也建议，多聆听孩子们的声音。

（6）儿童长时间端坐在座位上，聆听老师的讲解。

但是我们发现，“聆听”更倾向于用于低权势者对高权势者，笔者对北京语言大学 BCC 语料库以“聆听 + 名词”为条件进行搜索，以观察“被聆听者”或“被聆听内容”是否具有权势特征，排名前十位的如下：

聆听音乐 23 聆听老师 14 聆听报告 10 聆听专家 9 聆听英雄 7 聆听消费者 7 聆听对方 7 聆听大师 7 聆听先生 7 聆听教师 5 聆听教练 5 聆听客户 5 聆听中央 5[1]

其中“老师、专家、英雄、大师、先生、教师、教练、中央”等为高权势者，“消费者、客户”等对于商家来说，也可看作具有高权势特征。“报告”一般具有低权势义，但据笔者观察，这些“报告”并非专门针对某一个人的“报告”，而是针对某一群体的“报告”，并且报告人往往具有较高的权势，或是职位较高，或是具有较高的社会评价，因此不能看作纯粹的低权势名词，例如：

（7）厦大校长林祖赓和市直各部委办领导、科技界、教育界的代表 500 多人在厦大克立楼报告厅聆听了杨振宁教授的报告。

（7）中的“报告者”是在学术上有较高成就的教授，是社会评价上的高权势者，“聆听报告”者是来接受教育的，因此具有低权势特征。

---

[1] “聆听中央”的后续成分多为“的指示”“的精神”“文件”等，这些名词也多为高权势名词。

另外，“聆听”义为“认真地听”，在语用上，出于礼貌，一般不会要求别人“认真”做某事，尤其低权势者对高权势者，因此“聆听”用于祈使句中时，也不宜对高权势者使用，尤其不适于发话者要求具有较高权势者“聆听”自己的发言。例如：

（8a）下面请 ×× 教授作总结发言，欢迎大家聆听。

（8b）*我报告的题目是 ×××，欢迎各位前辈聆听并提出宝贵意见。

从“教授”以及“总结发言”等词语内涵的信息，可推知“××教授”应在年龄或地位上具有较高权势，因此（8a）句是可接受的；而（8b）中出现的“聆听”者为“前辈”，因此要求“前辈”“认真地听”不符合礼貌原则。

9.2.3 双音节对单音节动词权势的分化与加强

这类单音节动词既可用于低权势者对高权势者，也可用于高权势者对低权势者，对应的双音节动词对高权势和低权势义进行分化，并加强权势特征。分化成两类，一类具有高权势特征，另一类具有低权势特征，如“养”和“见”都可以分化为具有不同权势特征的两类词。“养”分化为高权势动词“抚养、领养、养育”等和低权势动词“赡养”；“见”分化为高权势动词“传见、召见、约见、会见、接见”和低权势动词“进见、觐见、晋见、参见、拜见、朝见”等。例如：

（9）他养着父母还有两个孩子。

（10a）子女要赡养父母。

（10b）*父母要赡养子女。

（11a）父母有义务抚养子女。

（11b）*子女有义务抚养父母。

（9）中的“他”相对于“父母”来说，是低权势者，而相对于“孩子”来说是“高权势者”，“养”既可用于低权势者对高权势者，也可用于高权势者对低权势者。而由“养”分化来的“赡养”只能用于低权势者“子女”对高权势者“父母”，而不能相反；“抚养”则只能用于高权势者“父母”对低权势者“子女”，而不能相反。“领养、养育、鞠养”等也是如此，只能用于高权势者对低权势者，并且一般高权势者和低权势者为“父母”与“子女”关系。

“见”及其对应的正式语体词语也是如此，例如：

（12a）领导要见刚来的员工。

（12b）刚来的员工要见公司领导。

（13a）杜鲁门总统出面接见了示威者。

（13b）＊示威者接见了杜鲁门总统。

（14a）托尼直到婚后才去拜见岳父。

（14b）＊直到婚后岳父才去拜见女婿。

“见”既可以用于高权势者对低权势者，如（12a），也可以用于低权势者对高权势者，如（12b）。但“接见”只能用于高权势者对低权势者，而不能相反，如（13b）中“示威者”的权势低于“总统”，因此不成立。“拜见”则相反，只能用于低权势者对高权势者，“岳父”相对于“女婿”来说，具有较高的权势，因此（14a）成立，（14b）则不成立。

9.3　语体特征对社会空间动词的塑造

语法是在运用中逐渐成型的，同时也是不断变化的，功能需求塑造了语法（方梅，2007）。词汇也是如此，功能的需求对词汇也有塑造作用。

孙德金（2012）提出了书写行为的“求简律”“趋雅律”“整齐律”和“谐体律”。其中“求简律”指的是书面语力求简洁，不啰唆。笔者发现，正式语体中信息含量较大的双音节词占绝对优势，正式度越高，这种趋势越明显，甚至还会把常在一起出现的两个双音节词进一步词汇化为一个新的双音节词，这类现象在权势关系动词中特别明显，如“报请”与“批准”都具有正式语体的特征，在正式程度较高的公文语体中，二者进一步整合为“报批”。类似的还有“报请、报批、呈览、呈阅、申购、送审、帮扶、帮困、帮教、布控、裁撤、裁处、裁断、裁决、裁汰、查封、查扣、查控、抽调、传唤、传见、判罚、批阅、批转、评阅、签批、审处、搜获、宣教、选派、选聘、执罚、追缴”等。

上述动词表示的事件都是复杂事件，它们共同的特点是把两个相关概念整合起来，压缩在一个动词中。《现代汉语词典》对这类词的解释为：

报批：报请上级批准。

选聘：挑选聘用。

选派：挑选合于规定的人派遣出去。

选用：挑选使用或运用。

养育：抚养和教育。

调教：调理和教育。

调资：调整工资（多指提升工资）。

审处：审判并处理。

审改：审查并修改。

审核：审查核定。

审议：审查讨论。

执罚：执行处罚。

“报批”是以“报请”和“批准”为代表的两个事件的整合；“选聘”是“挑选”和“聘用”的整合；“选派”是“挑选”和“派遣”两个事件的整合。

概念整合是人类一种普遍的认知操作，它是将两个不同认知域的概念有选择性地提取部分意义构建起来的复合概念。一般概念整合网络包括两个输入空间、一个共有空间和一个整合空间，两个输入空间的信息通过跨空间的映现投射到共有空间和整合空间，整合空间会产生新创结构，形成输入空间没有的信息（Faueonnier G and M Turner，1998，转引自朱怀，2011）。还是以“报批”为例，“报批”包含两个事件，一个事件是由“报请”概括的事件，一般“报请”涉及的参与者包括“报请者”“被报请者”和“所报请事件”；“批准”涉及的参与者主要包括“批准者”“所批准事件”和“申请批准者”。例如：

（15）某单位报请上级批准提拔一个干部。

这个句子中包含两个事件，一个是“报请”事件，另一个是“批准”事件。其中施事“报请者”是“某单位”，受事“被报请者”是“上级”，同时，“上级”也是“批准”事件的施事，二者构成一个兼语结构，“所报请事件”与“所批准事件”都是“提拔一个干部”，即两个事件的参与者相同，处于两个紧密相关的概念域中，因此二者有了整合的基础，如图 9-1 所示。最终导致发生整合的原因是它们连用的频率，“报请”的目的就是使“报请事件”被“批准”，因此二者在一起出现的频率很高，最终高频共现导致二者词汇化为一个词。

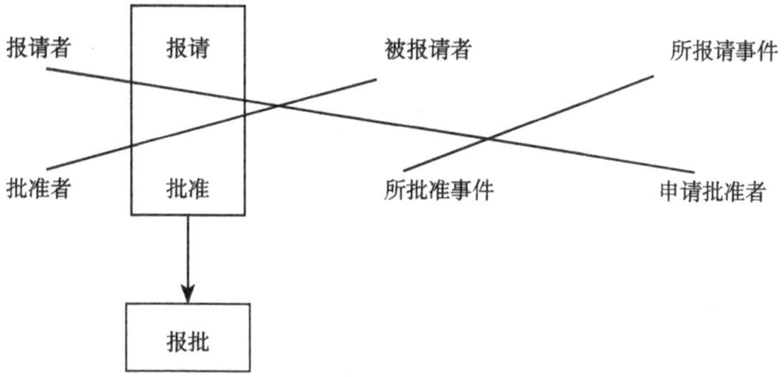

图9-1 “报请”与“批准”的整合

“报批”词汇化还有另一个非常重要的条件，就是“报请”与“批准”常出现在正式语体中，语体正式程度越高，这一点越明显，再加上上述条件，使用者便截取各词语中的一个代表成分，构成新词，在特定的语体中使用，使用频率越高，新词词汇化程度越高。

上述动词大多经历了类似的过程，由两个关系密切的事件整合为一个复杂事件，表现在语言中就是两个动词发生了概念整合，词汇化为一个动词。整合后的词常常与整合前的词在语言系统中共存，不过经过整合的词语一般比整合前的词语正式程度更高。

还是以“报批”为例，笔者在北京语言大学 BCC 语料库中的“文学”语体中搜得的包含“报批”的句子共 102 例；“报刊”语体中 1917 例，二者比例为 5 : 100；“报请”在“文学”语体中 400 例,“报刊”语体中 2090 例，二者比例为 19 : 100；“批准”在二者中出现的频率为“文学”语体 11394 例，“报刊”语体 77766，二者比例为 14 : 100。虽然“文学”和“报刊”语体并非严格的正式语体与非正式语体的区分，但“报刊”语体倾向于比“文学”语体更正式。“报批”在文学体裁中出现的频率明显低于“报请”和“批准”，因此，笔者认为由“报请”和“批准”整合得来的“报批”比前二者更具正式语体色彩。

除上述事件整合类型之外，还有两类整合，一类是常一起共现的修饰语与中心语整合，如“密令、年审、特批、特赦、突审、严办、严惩、严命、严令、重办”等；另一类是述语与宾语整合，如“提干、调资、追赃”等。不管哪一类组合，都与语体密切相关，越是正式语体，发生词汇整合的情况越多；

词汇越发生整合，正式程度越高。

9.4 社会空间动词的语体差异与句法表现差异

冯胜利（2015）在讨论单双音节动词在语法上的差异时指出，单音节和双音节动词在时空性上存在对立，具体表现为：

①单音节动词含“具时空”性，双音节词含泛时空性；

②双音节动词可变为“[—V]”，单音节不能：（动名词 / 名动词）：教材的 *（编）写；

③双音节有的不能带体貌助词，而单音节能：跑（run）着 / 过 / 了、* 奔跑（= run）着 / 过 / 了；

④双音节通常不能 V-NOT-V 提问，而单音节能：* 奔跑不奔跑？跑不跑；

⑤双音节动词通常不带单音节宾语：* 种植树、* 阅读报、* 购买纸；

⑥双音节动词有的不能重叠（尝试体），而单音节多数能：* 挖掘挖掘、* 奔跑奔跑；

⑦双音节动词有的不接受具体（像）宾语，而单音节能：挖土坑、* 挖掘土坑；

⑧单双音节的论元结构不同：唱美声、* 歌唱美声；* 唱祖国、歌唱祖国。

单双音节的对立基本反映了正式与非正式的对立。社会空间动词中的非正式语体动词与正式语体动词也大致遵循上述特征。以“告”和“控告”为例，二者在语法上的区别符合上述①、②、③、④、⑥等几项，例如：

（1a）[1] 俺俩到县委告状，……等了三个月了，连个音儿也没有！我们也没劲头再告了。

（1b）* 我们不想再控告了。

（2a）不容许以官僚主义态度对待群众的控告。

（2b）* 不容许以官僚主义态度对待群众的告。

（3a）我把他告了。

（3b）* 我把他控告了。

---

[1] 此处编号对应于冯胜利（2015）的 8 条规律。

（3c）我告过他。

（3d）？我控告过他。

（4a）你告不告？

（4b）* 你控告不控告？

（6a）你告告我试试？

（6b）* 你控告控告我试试？

（1a）中的“再”表示行为的重复，与时间有关，具有具时空性的单音节动词“告”可以与之连用；而不具具时空性的“控告”则不能。（2a）“控告”前可加“的”是动词去范畴化的手段，即“控告”本身具有的名词性被“的”激活；而（2b）中的“告”则不能前加“的”，说明单音节动词比双音节动词的动词性更强。（3a）、（3c）中的“告”可后加“了、过”等时体成分，而（3b）、（3d）“控告”后则不能。（4a）“告”可用“V不V”格式提问，而“控告”则不能。（6a）“告”可重叠表尝试；（6b）“控告”则不能。

从冯胜利（2015）对单双音节动词语法差异的总结不难看出，非正式语体动词比正式语体动词语法表现手段更为丰富。除冯胜利总计的差异之外，笔者还发现，非正式体社会空间动词的论元结构要比正式语体的更丰富，例如9.4中发生概念整合的动词从正式度上都高于整合前的动词，但在语法表现上，整合后的动词则受限较多，如“报请”和“批准”都可后加宾语，但整合之后的“报批”则是一个不及物动词。例如：

（16）遇重大复杂的案件，可报请上一级农业局决定。

（17）上级批准了他们的申请。

（18）* 他们向上级报批了这个案件。

（19）* 他们把这个案件报批了上级。

下面笔者以几组正式程度不同，但意义接近的社会空间动词为例进行说明。

（一）奖、奖励

“奖励”相对于“奖”来说正式程度更高，二者都可用于双宾句中。例如：

（20a）政府奖给他一台电视机。

（20b）政府奖励他一台电视机。

“奖励”一般不能用于“把”字句中，而“奖”则可以。

（21a）政府把一台电视机奖给了他。

（21b）*政府把一台电视机奖励给了他。

（二）夸、夸奖、表彰

“夸、表扬、表彰”是正式程度由左向右逐渐增强的一组高权势社会空间动词，其语法表现如下：

“夸”和“表扬”后都能带谓词性宾语，而“表彰”不能。

（22a）老师夸她最近进步很大。

（22b）老师表扬他最近进步很大。

（22c）*老师表彰他最近进步很大。

“夸”和“表扬”都可以用指人名词作主语，其中“表扬”还可以用“机构名词”作主语，而“表彰”只能以“机构”名词为主语。例如：

（23a）老师对他进行了表扬。

（23b）*老师对他进行了表彰。

（24a）公司对他进行了表扬。

（24b）公司对他进行了表彰。

“夸”可进入“把”字句，并且后可加程度补语；而“表扬”能进入“把”字句，但不能后加程度补语；“表彰”则不能进入“把”字句且不能后加程度补语。

（25a）杨大嫂看过均均跳的芭蕾舞，把她夸得像一朵花！

（25b）*杨大嫂看过均均跳的芭蕾舞，把她表扬得像一朵花！

（25c）*公司把她表彰得像一朵花！

从上述几个例子我们大致可以看出，正式程度的高低与语法表现的多寡成反比，正式程度越高，语法表现越少。

9.5 词汇的语体和谐律

从语篇的角度看，特定的语体类型必然跟特定的词汇、句法结构、语篇衔接形式以及韵律形式相对应，不同语言要素的匹配就形成了不同的语体类型（金立鑫、白水振，2002）。孙德金（2012）提出“谐体律”，认为书写时各语言成分的选择和使用追求语体上的和谐一致。

从词汇的角度看，不同语体特征的词汇对共现成分也有一定的限制。一般来说，非正式语体词语与非正式语体词语共现更和谐，如“训、训斥、呵斥”等词语，“训”非正式语体色彩最强，“呵斥”正式程度最高，“训斥”居于二者之间，它们对共现成分的要求不同。例如：

（26a）我爹训了我一顿。

（26b）爸爸训了我一顿。

（26c）父亲训了我一顿。

（26d）*家父训了我一顿。

（27a）*我爹训斥了我一顿。

（27b）爸爸训斥了我一顿。

（27c）父亲训斥了我一顿。

（27d）我遭家父训斥。

（28a）*我爹呵斥了我一顿。

（28b）？爸爸呵斥了我一顿。

（28c）父亲呵斥了我一顿。

（28d）我遭家父呵斥。

“我爹、爸爸、父亲、家父”这几个意义相近的词语主要是正式程度的差异，从左到右，正式程度加强。“训”具有非正式语体特征，要求与之共现的名词也为非正式语体词语，如“我爹、我爸爸”等，如（26a）、（26b）；而不能和正式语体色彩强的“家父”共现，如（26d）。“训斥”则具有正式语体特征，与非正式语体特征的“我爹”共现不和谐，如（27a）。正式语体色彩较强的“呵斥”则不能与“我爹”共现，与“爸爸”共现也不和谐。

再如，“抓③、抓捕、缉捕”三者意义相近，但正式程度不同，其中“抓”为典型的非正式语体词，“缉捕”为典型的正式语体词，“抓捕”偏向于正式语体。例如：

（29a）警察在抓小偷。

（29b）？？警察在抓盗贼。

（29c）*警方在抓盗贼。

（30a）警察在抓捕小偷。

（30b）警察在抓捕盗贼。

（30c）警方在抓捕盗贼。

（31a）* 警察在缉捕小偷。

（31b）? 警察在缉捕盗贼。

（31c）警方在缉捕盗贼。

“警察、警方”的差异主要表现在语体色彩上,“警方”更正式；“小偷、盗贼”的差异也主要表现在语体色彩上，“盗贼”更正式。“抓、抓捕、缉捕”按照正式程度差异与“警察、小偷”“警方、盗贼”共现，非正式程度强的“抓”倾向于选择与非正式程度较强的“警察、小偷”共现；正式程度最强的“缉捕”倾向于选择正式程度强的“警方、盗贼”。

由此，我们得出一条词汇的语体和谐律：词语倾向于选择与之语体色彩相当的成分共现。词语的正式程度越强，与之共现的成分正式程度越强；反之，正式程度越弱，与之共现的成分正式程度越弱。

这条规律不但适用于与动词共现的名词性成分，也适用于动词的修饰成分。例如：

（32a）她一把鼻涕一把泪地数落着儿子。

（32b）* 她一把鼻涕一把泪地责备着儿子。

（32c）* 她一把鼻涕一把泪地呵责儿子。

（33a）皇帝厉声地责备他一番。

（33b）皇帝厉声呵责了他一番。

（33c）* 皇帝厉声数落了他一番。

“一把鼻涕一把泪”具有典型的非正式特征，因此很难与具有较强正式语体色彩的“责备”“呵责”共现；而“厉声”则具有较强的正式语体特征，可以与“责备”“呵责”共现，但难与具有非正式色彩的“数落”共现。

这条规律对具有正式语体色彩的动词限制性更强，如（26c）中“父亲”具有正式语体特征，而“训”则具有非正式语体特征，二者可共现，这说明名词“父亲”和非正式语体动词“训”对语体和谐律遵守不严格。再如：

（34a）母亲说了他一顿。

（34b）母亲数落了他一顿。

（34c）母亲责备了他一顿。

（34d）母亲大声呵责道……

具有正式语体特征的“母亲”可以与正式程度不等的“责备”义动词共现。同样，“说、数落”等具有非正式色彩的动词也能和具有正式语体色彩的“母亲”共现。

正式程度越高的动词对词汇语体和谐律遵守得越严格，如“呵责”在“说、数落、责备、呵责”这一组近义词中正式程度最高，与非正式语体色彩的“娘”共现的可能最低。例如：

（35a）？妈妈大声呵责道……

（35b）*娘大声呵责道……

词汇的“语体和谐律”在二语习得乃至本族语者的正式语体表达中具有重要意义。社会空间动词中具有正式语体特征的词语居多，占总数的95%，因此语体和谐律对这类词更具约束力。

9.6　小结

部分正式语体色彩的动词有与之意义相近的相对应的非正式语体色彩动词。在非正式语体色彩社会空间动词中，单音节词占微弱优势，单音节词往往是多义词，语义负担较重，因此在语言的演变过程中，常采用双音节词对其语义进行分化，造成单双音节词语在共时系统中共存，单双音节词语的差异主要表现为非正式语体与正式语体的对立。就社会空间动词而言，这种单双音节动词的对立除语体差异外，还表现为权势色彩的差异。主要表现为三个方面：单音节与双音节具有相同的权势特征；单音节不具有权势特征，双音节具有高权势特征或低权势特征；单音节动词既可以用于低权势者对高权势者，也可用于高权势者对低权势者的动作，双音节动词分化为两类，一类具有高权势特征，另一类具有低权势特征。

正式语体力求简洁，因此社会空间动词常发生整合，整合得到的新词正式程度更高。正式程度越高，语法表现手段越简单。社会空间动词在使用中长期遵循词汇的“语体和谐律”，即词语倾向于选择与之语体色彩相当的成分共现。这个规律对正式程度较高的动词更具约束力。

第10章　结论

社会权势关系动词是一类特殊的动词。权势关系表达受制于多方面因素，本书从句法、语义、语用功能等视角考察了现代汉语社会空间权势关系动词的特征。

10.1　本书的主要结论和创新

10.1.1　权势匹配原则

社会空间方向由物理空间方向隐喻而来，其中高权势者对低权势者的动作方向为“下向”，低权势者对高权势者的动作方向为“上向”，对应于社会空间动词，前者为高权势动词，后者为低权势动词。

社会空间动词涉及的高权势者和低权势者常由指人名词充当，部分机构名词、抽象名词也具有权势色彩。高权势名词对非社会空间动词常常有“赋权”作用，即可临时赋予其高权势色彩。不同于物理空间动词，社会空间的方向具有单向不可逆的特点，高权势者和低权势者不能互换位置，要严格遵循“权势匹配原则”。权势匹配原则指的是社会空间动词与其所涉及的高权势者、低权势者以及位移物在句中的配置方式，如果违反权势匹配原则句子合法度降低，或者在短语层面解读为“偏正”关系。

10.1.2　高权势动词与低权势动词的不对称

10.1.2.1　高权势动词和低权势动词在数量上的不对称

高权势动词的数量远高于低权势动词，高权势动词共624个，低权势动词共333个，高权势动词是低权势动词的二倍。

10.1.2.2　构词上的不对称

高权势动词中常内含“下向”“去除”“强制”“评判”等义的构词成分；低权势动词中常内含“上向”“顺向”“逆向”“表敬”“祈求”等构词成分。

内含“下向”构词成分的高权势动词和“上向”构词成分的低权势动词和

在各自范畴内所占比例都最高，也最符合语言的相似性。“下向”与高权势动词之间有自然关联，是无标记项；“上向”与低权势动词之间有自然关联，是无标记项。内含“强制”义构词成分的高权势动词和内含“表敬”义构词成分的低权势动词所占比例都比较高。

低权势动词中有一类是在高权势动词（或从高权势动词中提取的代表性语素）前加“受、奉、认、领”等转化而来，高权势动词中则无相应的构词形式。

10.1.2.3 语义上的不对称

高权势动词和低权势动词在语义上具有对应性，高权势动词表现为“下向”的方向特征，低权势动词表现为“上向”的方向特征。高权势动词中有“控制”义动词，低权势动词中有“服从、接受”类与之对应；高权势动词中有专门针对低权势者的高权势“心理”动词、“言语行为”动词，低权势动词中也有低权势“心理”动词、“言语行为”动词与之对应。

“强制”义为高权势动词的无标记项，“表敬”“服从”义为低权势动词的无标记项。带有“表敬”特征的高权势动词和“强制”特征的低权势动词都是有标记的。

10.1.2.4 句法上的不对称

（1）对特殊句式选择上的不对称

高权势动词进入“把”字句和“被”字句的能力高于低权势动词。624个高权势动词和333个低权势动词中，能进入“被”字句的高权势动词有538个；能进入“被”字句的低权势动词有175个。“把”字句对动词的要求更高，可进入“把”字句的高权势动词有314个；能进入“把”字句的低权势动词有76个。考虑到高权势动词和低权势动词在数量上的差异，我们可以把上述数字转换成各自在本类中所占的百分比，86%的高权势动词和52%的低权势动词能够进入“被”字句；50%的高权势动词和23%的低权势动词能进入“把”字句，如表10-1所示。

表10-1　高权势动词和低权势动词进入“把”字句和“被”字句能力的差异

特殊句式	高权势动词（624）			低权势动词（333）		
	能进入	不能进入		能进入	不能进入	
		及物动词	不及物动词		及物动词	不及物动词
“把”字句	314（50%）	238（38%）	72（12%）	76（23%）	154（46%）	103（31%）
“被”字句	538（86%）	30（5%）	56（9%）	175(52%)	75（23%）	83（25%）

高权势动词的“强制”义为无标记项，对低权势者产生的影响较强；低权势动词“表敬、服从”为无标记项，对高权势者影响较弱，因此高权势动词在及物性上高于低权势动词。“把”字句和“被”字句为高及物性句式，“把”字句和“被”字句都要求行为对目标物的影响性，当表示不对受事产生影响的事件时，不能使用“把”字句和“被”字句（张伯江，2001），高权势动词在对受事的影响力上要高于低权势动词，因而高权势动词更容易进入“把”字句和“被”字句。

高权势动词进入“兼语”句能力强于低权势动词。典型的兼语句具有强烈的“使令”特征，前一动词往往对整个事件有较强的支配作用。高权势动词中的48个“使令”动词都能进入兼语句。低权势动词中的7个“请求”类动词由于有较强的“语力”，也能进入兼语句，但相比之下，高权势动词进入兼语句的能力更强。

与高权势“使令”动词相对应的低权势“奉命”类动词进入连动句能力较强。“奉命”类动词表示的事件中除了对命令的“接受”，还需要有后续的行动，与连动式的句式义相符。

（2）趋向动词选用上的不对称

社会空间动词社会方向的凸显通常借助趋向动词。高权势动词和低权势动词在对趋向动词的选择上存在差异。高权势“施与”类动词可与“下来”“下去”共现；低权势“施与”类动词可与“上来”“上去”共现。高权势“获取”类动词可与“上来”“下来”共现，低权势“获取”类动词除“继承”“承袭”外都不能与趋向动词共现。另外，高权势“去除”类动词可与“出去”共现。

高权势动词与低权势动词在对趋向动词选择上表现出的差异既与动词的社会空间方向特征有关，也与动词中内涵的主观性有关，观察者采用的视角不同，选用的趋向动词也不同。

（3）与形式动词共现的不对称

以往的研究都认为形式动词具有书面语特征。但笔者发现形式动词还与权势特征有关，高权势动词更倾向于与形式动词连用，而低权势动词一般不能与形式动词连用，只有部分能与“进行”共现。

形式动词中“予以、给予、加以”等一般只能与高权势动词连用，“进行”除了可与高权势动词连用外，还可与部分低权势言语行为动词连用。

10.1.2.5 介词选用上的不对称

介词的选择也与社会空间动词的方向性有关。一般高权势动词倾向于选择“对”介引低权势者，而低权势动词倾向于选择“向”介引高权势者。其中“对”对低权势者介引的强制度更高，一般情况下，“对”不能介引高权势者；而“向”的强制度则较低，有时也可介引低权势者。

10.1.3 社会空间动词的语用制约

10.1.3.1 语义强度的制约

高权势动词具有不同程度的强制性程度，动词的强制性程度对句法、语义、语用都有影响。表现在“社会管理”类动词中，强制性程度越高，进入“把”字句和“被”字句的能力越强，与“予以、加以、严加”等形式动词连用的比例越高。“使令”类动词往往要求有后续句，动词的强制性越高，后续句越倾向于负面评价。

“强制”义在低权势动词中有标记项，低权势动词中的“获取”类动词具有“强制”义，在句法和语用上也表现出有标记的特征，如不能与趋向动词连用，进入“把”字句的能力较弱以及社会评价上带有负面色彩。

语义强度有时还会影响社会空间的方向性特征，如有些“批评”类动词的施事和受事可互换位置，但随着“批评”强度的增强，互换的可能性变小，即语义强度越强，高权势色彩越明显。

另外，高权势“心理”动词和低权势“心理”动词“量”的差异对动词的社会评价色彩也有影响。高权势心理动词随着量的增大，消极评价色彩加强；

低权势“心理”动词的量都比较大，多数为积极评价色彩，但一些受过量副词修饰的心理动词也可用于消极的语用环境。

10.1.3.2　社会评价色彩的制约

积极评价和消极评价有时对社会空间动词的句法、语用表现也有制约。例如高权势“言语行为”动词中，具有积极评价色彩的“表扬”类动词和消极评价色彩的“批评”类动词对数量短语的选择不同,“表扬”类动词倾向于用“一番”量化，一般不能与“一通”共现。“批评”类动词则相反。

高权势“心理”类动词中，积极评价色彩的动词既不能与表示“微量”的修饰语共现，也不能与表示“过量”的修饰语共现；而消极评价动词则无此限制。低权势“心理”动词一般都具有积极评价色彩，都不能与“微量”“过量”修饰语共现；一些有负面评价可能的动词可与“过量”修饰语共现。

介词“对”介引高权势者的例外也与社会评价色彩有关。“对”常与高权势“施与”动词共现介引低权势者，一般不与低权势“施与”类动词共现介引高权势者。但有少量的例外，社会评价色彩为消极的低权势动词“贿赂”和“行贿”的对象即高权势者可用“对”介引。

10.1.3.3　礼貌原则制约

社会空间动词对介词“对”和“向”选择有时受语用原则的制约。“向”倾向于介引高权势者，“对”倾向于介引低权势者，但二者均有例外。其中“向”介引低权势者的比例较高，这主要是礼貌原则起作用。高权势者为了表现对低权势者的尊重，选用“向”介引低权势者。

10.1.4　权势敏感结构

现代汉语中有一些句法结构对社会空间方向性比较敏感，即有些结构具有高权势色彩，有些结构具有低权势色彩。“在 NP 的 VP 下”“在（NP 的）VP 中”“VP 下”具有高权势倾向，能进入其中的动词多为高权势动词，一些非社会空间动词进入这些格式后，往往被赋予临时的高权势色彩。

“VP”上则具有低权势倾向，进入其中的以低权势动词居多，一些非社会空间动词进入此格式后被赋予临时的低权势色彩。

“亲自 VP”也具有高权势色彩，不过其高权势色彩与动词无关，主要是由“亲自”带来的。

10.1.5 社会空间动词语体特征与“语体和谐律”

社会空间动词多数都具有正式语体色彩，发生概念整合的情况较多，经过整合的词语正式程度高于整合前词语，但语法表现相对单一。

词语在生成句子时需遵循词汇的“语体和谐律”，即词语倾向于选择与之语体色彩相当的成分共现。词语的正式程度越高，与之共现的成分正式程度越高；反之，正式程度越低，与之共现的成分正式程度越低。

10.2 本书的不足

①从施力角度而言，高权势名词和高权势动词匹配，低权势名词和低权势动词匹配，但有些动词和名词的权势关系并不十分明显。例如：

（1a）老师否定了学生的观点。

（1b）学生否定了老师的观点。

（2a）公司拒绝了代表们的方案。

（2b）代表们拒绝了公司的方案。

（1b）的可接受性差，但（2b）能成立。原因在于名词的权势关系不同。可见，权势关系的表达虽然主要取决于动词，但名词的作用不可忽略。这在部分与社会评价相关的“言语行为”动词和“心理”动词表现比较突出，还有待进一步深入研究。

②现代汉语中高权势动词和低权势动词的区分相对严格，动词与趋向动词、特殊句式、介引标记之间要保持句法和语用上的一致关系。权势关系具有人类共性，其他语言中的权势关系表达有哪些特殊要求，本书未能展开。

③汉语中有些介词如“对”和“向”对权势关系比较敏感，其他语言中的介词一般为格标记，在权势特征上表现为中性，如英语中的 to、towards 等。这方面的研究笔者尚未展开。

④对社会空间动词在对外汉语教学和少数民族汉语教学中的习得研究未能展开，相关研究需进一步细化，为其提供理论依据。

参考文献

［1］陈昌来 . 介词与介引功能［M］. 安徽：安徽教育出版社，2002.

［2］陈昌来 . 现代汉语的句法语义属性研究［M］. 上海：学林出版社，2002.

［3］陈思思，克燕南，蒋奖，等 . 权力概念的垂直方位空间隐喻对权力判断的影响［J］. 心理科学，2014（2）.

［4］储泽祥 . 现代汉语方所系统研究［M］. 武汉：华中师范大学出版社，1997.

［5］崔健 . 敬语范畴的地位，第三届“类型学视野下的汉语与民族语言研究高峰论坛”，2014.

［6］崔健 . 崔健语言对比论文集［M］. 北京：北京语言大学出版社，2012.

［7］崔希亮 . 汉语介词与位移事件［D］. 北京：北京大学，2004.

［8］崔希亮 . 认知语言学理论与汉语位移事件研究［C］// 冯胜利，沈阳 . 当代语言学理论和汉语研究 . 北京：商务印书馆，2008.

［9］戴维·波普诺 . 社会学［M］. 刘云德，王戈，译 . 沈阳：辽宁人民出版社，1987.

［10］戴浩一 . 以认知为基础的汉语功能语法刍议［J］. 叶蜚声，译，国外语言学，1989（4）.

［11］戴浩一 . 概念结构与非自主性语法：汉语语法概念系统初探［J］. 当代语言学，2002（4）.

［12］戴耀晶 . 现代汉语动作类二价动词探索［J］. 中国语文，1998（1）.

［13］董秀芳 . 汉语的词库与词法［M］. 北京：北京大学出版社，2004.

［14］董秀芳 . 汉语中表示承诺的言语施为动词［J］. 汉语学习，2010（2）.

［15］范晓 . 汉语句子的多角度研究［M］. 北京：商务印书馆，2009.

［16］方经民 . 现代汉语空间参照系统认知研究［D］. 上海：上海师范大学，2002.

［17］方梅 . 动态呈现语法与汉语“用法”研究［C］// 沈阳，冯胜利 . 当代语

言学理论和汉语研究 . 北京：商务印书馆，2008.
[18] 方梅 . 谈语体特征的句法表现 [J]. 当代语言学，2013（2）.
[19] 冯胜利 . 论汉语书面正式语体的特征与教学 [J]. 世界汉语教学，2006（4）.
[20] 冯胜利 . 论语体的机制及其语法属性 [J]. 中国语文，2010（5）.
[21] 古川裕 . “跟”字的语义指向及其认知分析 [J]. 语言教学与研究，2000（3）.
[22] 顾曰国 . 奥斯汀的言语行为理论 [J]. 外语教学与研究，1989（1）.
[23] 郭锐 . 空间参照理论与汉语方位表达参照策略研究 [C] // 冯胜利，沈阳 . 当代语言学理论和汉语研究 . 北京：商务印书馆，2008.
[24] 郭晓麟 . “希望”和“愿意”的愿望表达模式解析 [J]. 云南师范大学学报：对外汉语教学与研究版，2010（4）.
[25] 韩志刚 . 副词“亲自”的多角度研究 [J]. 天津大学学报（社会科学版，2009（4）.
[26] 洪波 . 去声别义与上古汉语的方向范畴，第三届“类型学视野下的汉语与民族语言研究高峰论坛”，2014.
[27] 胡明扬 . 语体与语法 [J]. 汉语学习，1993（2）.
[28] 胡书津 . 藏语词汇中的敬语 [J]. 西南民族大学学报（人文社会科学版），1985（2）.
[29] 胡壮麟 . 系统功能语言学概论 [M]. 北京：北京大学出版社，2005.
[30] 姜望琪 . 当代语用学 [M]. 北京：北京大学出版社，2003.
[31] 金立鑫，白水振 . 语体学在语言学中的地位及其研究方法 [J]. 当代修辞学，2012（6）.
[32] 蓝纯 . 从认知角度看汉语的空间隐喻 [J]. 外语教学与研究，1999（4）.
[33] 李临定 . 现代汉语动词 [M]. 北京：中国社会科学出版社，1990.
[34] 李运龙 . 语义、结构、语境影响和制约着动词的重叠 [J]. 湖北社会科学（哲学社会科学版），1993（2）.
[35] 李桂梅 . 形式动词句式的表达功效 [J]. 语言教学与研究，2012（4）.
[36] 李敏 . 双宾动词的词汇语义和双宾句式的互动 [J]. 世界汉语教学，2006

（4）.

［37］李雪．英汉移动动词词汇化的对比研究［J］．西安外国语大学学报，2010（2）.

［38］李杨．“S+对/向/跟O+XP”结构句法语义考察［D］．吉林：延边大学，2007.

［39］李宇明．空间在世界认知中的地位［J］．湖北大学学报（哲学社会科学版），1999（3）.

［40］李宇明．语法研究录［M］．北京：商务印书馆，2005.

［41］廖秋忠．空间方位和方位参考点［J］．中国语文，1989（1）.

［42］刘丹青．汉语给予类双及物结构的类型学考察［J］．中国语文，2001（5）.

［43］刘丹青．语言学前沿与汉语研究［M］．上海：上海教育出版社，2005.

［44］刘丹青．语言库藏类型学构想［J］．当代语言学，2011（4）.

［45］刘丹青，唐正大．名词性短语的类型学研究［M］．北京：商务印书馆，2012.

［46］刘街生．现代汉语同位组构研究［D］．武汉：华中师范大学，2000.

［47］刘月华．趋向补语的语法意义［C］//语法研究与探索（四）．北京：北京大学出版社，1988.

［48］刘月华．实用现代汉语语法［M］．北京：商务印书馆，2001.

［49］陆俭明．再谈“吃了他三个苹果”一类结构的性质［J］．中国语文，2002（4）.

［50］吕叔湘．现代汉语八百词［M］．北京：商务印书馆，2007.

［51］吕叔湘．中国文法要略［M］．北京：商务印书馆，2014.

［52］马庆株．指人参与者角色关系趋向与汉语动词的一些小类［C］//胡壮麟，方琰．功能语言学在中国的进展．北京：清华大学出版社，1997.

［53］马庆株．二十世纪现代汉语语法论文精选［M］．北京：商务印书馆，2005.

［54］孟琮．动趋式语义举例［C］//句型和动词．北京：语文出版社，1987.

［55］齐沪扬．现代汉语现实空间的认知研究［M］．北京：商务印书馆，2000.

[56] 齐沪扬 . 动词移动性功能的考察和动词的分类 [C] // 汉语语法研究和探索（十）. 北京：商务印书馆，2014.
[57] 邱广君 . 现代汉语动词的方向体系 [J]. 中国语言学报，1999（9）.
[58] 司红霞 . 现代汉语插入语研究 [M]. 长春：东北师范大学出版社，2009.
[59] 尚爱雪 . 给予动词的语义性质和句型选择研究 [J]. 江苏大学学报（社会科学版），2009（5）.
[60] 沈家煊 . "在"字句和"给"字句 [J]. 中国语文，1999（2）.
[61] 沈家煊 . 不对称和标记论 [M]. 南昌：江西教育出版社，1999.
[62] 沈家煊 . 认知语法的概括性 [J]. 外语教学与研究：外国语文双月刊，2000（1）.
[63] 沈家煊 . 语言的主观性和主观化 [J]. 外语教学与研究，2001（4）.
[64] 沈家煊 . 现代汉语"动补结构"的类型学考察 [J]. 世界汉语教学，2003（3）.
[65] 沈家煊 . 语法六讲 [M]. 北京：商务印书馆，2011.
[66] 沈家煊 . 认知语言学理论与隐喻语法和转喻语法研究 [C] // 沈阳，冯胜利 . 当代语言学理论和汉语研究 . 北京：商务印书馆，2008.
[67] 石毓智 . 汉英双宾结构差别的概念化原因 [J]. 外语教学与研究（外国语文双月刊），2004（2）.
[68] 宋作艳 . 轻动词、事件与汉语中的宾语强迫 [J]. 中国语文，2011（3）.
[69] 宋作艳 . 逻辑转喻的半能产性与多种解释 [J]. 语言教学与研究，2011（3）.
[70] 宋作艳 . 生成词库理论的最新发展 [J]. 语言学论丛，2011（44）.
[71] 孙朝奋 . 主观化理论与现代汉语"把"字句研究 [C] // 沈阳，冯胜利 . 当代语言学理论和汉语研究 . 北京：商务印书馆，2008.
[72] 孙德金 . 现代书面汉语中的文言语法成分研究 [M]. 北京：商务印书馆，2012.
[73] 孙英杰 . 被动式与动词的及物性 [J]. 北方论丛，2006（2）.
[74] 唐晓磊 . 现代汉语运动类事件表达的结构特征 [J]. 天津外国语学院学报，2008（4）.

[75] 陶红印 . 试论语体分类的语法学意义 [J]. 当代语言学，1999（3）.
[76] 陶红印 . 操作语体中动词论元结构的实现及语用原则 [J]. 中国语文，2007（1）.
[77] 王惠 . 从及物性系统看现代汉语的句式 [D]. 北京：北京大学，1992.
[78] 王静，王洪君，沈阳，等 . 动词的配价与被动句 [M]. 北京：北京大学出版社，1995.
[79] 王晋军 . 医生和病人会话中的问句与权势关系 [J]. 解放军外国语学院学报，2002（5）.
[80] 王珏 . 现代汉语名词研究 [M]. 上海：华东师范大学出版社，2001.
[81] 王媛 . 现代汉语单音节动词的方向性研究 [D]. 北京：北京语言大学，2007.
[82] 魏金光，何洪峰 . 介词“向”的语法化源义辨 [J]. 汉语学报，2013（3）.
[83] 吴福祥 . 近年来语法化研究的进展 [J]. 外语教学与研究（外国语文双月刊），2004（1）.
[84] 吴福祥 . 试说“X 不比 Y·Z”的语用功能 [J]. 中国语文，2004（3）.
[85] 吴福祥 . 汉语主观性与主观化研究 [M]. 北京：商务印书馆，2011.
[86] 吴剑峰 . 汉语言语行为动词的元话语功能及句类地位 [J]. 宁夏大学学报（人文社科版），2008（7）.
[87] 吴念阳 . 现代汉语心理空间认知研究 [M]. 北京：商务印书馆，2014.
[88] 吴为善 . 认知语言学与汉语研究 [M]. 上海：复旦大学出版社，2011.
[89] 芜崧 . 也谈动词的方向性——与谢质彬先生商榷 [J]. 阜阳师范学院学报（社会科学版），2002（5）.
[90] 乌云赛娜 . 施事—受事关系格局对“把”/“被”句选择的影响 [D]. 北京：北京语言大学，2009.
[91] 徐峰 .“给予”动词的语义和语用研究 [J]. 华东师范大学学报（哲学社会科学版），2002（2）.
[92] 徐时仪 .“一味”的词汇化与语法化考察 [J]. 语言教学与研究，2006（6）.
[93] 杨雪 . 现代汉语社会等级关系动词研究 [D]. 北京：北京语言大学，

2012.
[94] 杨永林. 专有名词普通化及其渊源谈 [J]. 南外学报，1988（4）.
[95] 姚奎尧. 浅说动词的方向性和方向一致性 [J]. 阅读与写作，2004（10）.
[96] 叶斯柏森. 语法哲学 [M]. 何勇，夏宁生，司辉，等，译. 北京：语文出版社，1988.
[97] 俞东明. 什么是语用学 [M]. 上海：上海外语教育出版社，2011.
[98] 袁周敏. 称呼语的身份标记功能的元语用考察 [J]. 东北大学学报（社会科学版），2011（3）.
[99] 袁毓林. 语用学研究述评 [J]. 苏州大学学报，1989（4）.
[100] 袁毓林. 现代汉语祈使句研究 [M]. 北京：北京大学出版社，1993.
[101] 袁毓林. 谓词隐含及其句法后果 [J]. 中国语文，1995（4）.
[102] 袁毓林. 句子的焦点结构及其对语义解释的影响 [J]. 当代语言学，2003（4）.
[103] 袁毓林. 反预期、递进关系和语用尺度的类型——“甚至”和“反而”的语义功能比较 [J]. 当代语言学，2008（2）.
[104] 袁毓林. 汉语配价语法研究 [M]. 北京：商务印书馆，2010.
[105] 曾传禄. 汉语空间隐喻的认知分析 [J]. 云南师范大学学报，2005（2）.
[106] 曾传禄. 现代汉语位移空间的认知研究 [M]. 北京：商务印书馆，2014.
[107] 詹·奥尔伍德. 语言中的逻辑学 [M]. 北京：北京大学出版社，2009.
[108] 张伯江. 词类活用的功能解释 [J]. 中国语文，1994（1）.
[109] 张伯江，方梅. 汉语功能语法研究 [M]. 北京：商务印书馆，1996.
[110] 张伯江. 现代汉语双及物构式 [J]. 中国语文，1999（3）.
[111] 张伯江. 论“把”字句的句式语义 [J]. 语言研究，2000（1）.
[112] 张伯江. “被”字句和“把”字句的对称与不对称 [J]. 中国语文，2001（6）.
[113] 张伯江. 施事角色的语用属性 [J]. 中国语文，2002（6）.
[114] 张伯江. 语体差异和语法规律 [J]. 修辞学习，2007（2）.
[115] 张伯江. 句式语法理论与汉语句式研究 [C] // 沈阳，冯胜利. 当代语言学理论和汉语研究. 北京：商务印书馆，2008.

[116] 张伯江 . 从施受关系到句式语法 [M] . 北京：商务印书馆，2009.
[117] 张伯江 . 什么是句法学 [M] . 上海：上海教育出版社，2011.
[118] 张伯江 . 以语法解释为目的的语体研究 [J] . 当代修辞学，2012（6）.
[119] 张赪 . 汉语介词词组词序的历史演变 [M] . 北京：北京语言大学出版社，2002.
[120] 张国宪 . 动词的动向范畴 [C] // 语法研究和探索（九）. 北京：商务印书馆，2000.
[121] 张国宪 . "V 双 +N 双" 短语的理解因素 [J] . 中国语文，1997（3）.
[122] 张黎 . 汉语位移句语义组合的认知类型学解释 [C] // 张黎，古川裕，任鹰，等 . 日本现代汉语语法研究论文选 . 北京：北京语言大学出版社，2007.
[123] 张敏 . 认知语言学与汉语名词短语 [M] . 北京：中国社会科学出版社，1998.
[124] 张清 . 判决书的言语行为分析——看 "本院认为" 的言语行为 [J] . 政法论坛，2009（3）.
[125] 张旺熹 . 汉语特殊句法的语义研究 [M] . 北京：北京语言大学出版社，1999.
[126] 张旺熹 . "把" 字句的位移图式 [J] . 语言教学与研究，2001（3）.
[127] 张旺熹 . 汉语口语成分的话语分析 [M] . 北京：北京语言大学出版社，2012.
[128] 张欣 . 现代汉语 "予取" 类权势关系动词研究 [J] . 云南师范大学学报（对外汉语教学与研究版），2016（1）.
[129] 赵艳芳 . 认知语言学概论 [M] . 上海：上海外语教育出版社，2001.
[130] 赵元任 . 汉语口语语法 [M] . 北京：商务印书馆，1979.
[131] 郑晓雷 . "亲自" 等词的语用分析 [J] . 韶关学院学报（社会科学版），2005（2）.
[132] 钟守满 . 英汉言语行为动词语义认知结构研究 [M] . 合肥：中国科学技术大学出版社，2008.
[133] 周刚 . 形式动词的次分类 [J] . 汉语学习，1987（1）.

[134] 周文华，肖奚强. 引介对象的“向 P”、“对 P”与谓词的搭配考察 [J]. 南京师大学报（社会科学版），2012（11）.
[135] 周有斌，邵敬敏. 汉语心理动词及其句型 [J]. 语文研究，1993（8）.
[136] 邹文洁. 现代汉语动词的方向分类及解释 [D]. 上海：上海外国语大学，2009.
[137] 朱德熙. 现代汉语语法研究 [M]. 北京：商务印书馆，1980.
[138] 朱德熙. 语法讲义 [M]. 北京：商务印书馆，1982.
[139] 朱德熙. 现代汉语语法研究的对象是什么？[J]. 中国语文，1987（4）.
[140] 朱德熙. 定语和状语的区分与体词和谓词的对立 [C] // 朱德熙. 朱德熙文集（第三卷）汉语语法论文. 北京：商务印书馆，1999.
[141] 朱怀. 现代汉语材料宾语句的概念整合 [J]. 西南交通大学学报（社会科学版），2011（3）.
[142] 朱景松. 动词重叠的语法意义 [J]. 中国语文，1998（5）.
[143] 祝畹瑾. 社会语言学论文集 [M]. 北京：北京大学出版社，1985.
[144] 祝畹瑾. 新编社会语言学概论 [M]. 北京：北京大学出版社，2013.
[145] Austin J L. How to Do Things with Words [M].Cambridge,Mass：Harvard University Press, 1962.
[146] Brown R, Gilman. The Pronoun of Power and Solidarity [M]. New York：Bobbs-Merril, 1960.
[147] Brown, Marguerite Ford. Address and American English [J]. Journal of abnormal and social psychology, 1961（2）.
[148] Carlson,Laura. Object use and object location：the effect of function on spacial, 2003.
[149] relations. In Emile van der Zee and Urpo Nikanne（eds.）,Cognitive Interface： Constrains on Linking Cognitive Information,94-115. Oxford University Press.
[150] Dan Xu. Space in Language of Chinese [M]. BeiJing: World Publishing Corporation, 2013.
[151] John R Searle. Speech Acts：An Essay in the Philosophy of Language [M].

Cambridge： Cambridge University Press, 1970.

[152] John R Searle. Expression and Meaning： Study in the Theory of Speech Acts [M] . Cambridge: Cambridge University Press, 1970.

[153] John R. Expression and Meaning：Studies in the Theory of Speech Acts [M] . Beijing：Foreign Language Teaching and Research Press, 2001.

[154] Lakoff G. Women, Fire and Dangerous Things： What Categories Reveal about the Mind [M] . Chicago and London： The University of Chicago Press, 1987.

[155] Langacker,Ronald W. Foundations of Cognitive Grammar [M] . Stanford: Stanford University Press, 1987.

[156] Langacker,Ronald W. Concept,Image and Symbol, The Cognitive Basis of Grammar [M] . Berlin / New York: Mounton de Gruyter, 1990.

[157] Leonard Talmy. Toward A Cognitive Semantics, Volume I [M]. Cambridge: The MITpress, 2002.

[158] Leonard Talmy. Toward A Cognitive Semantics, Volume Ⅱ [M] . Cambridge: The MITpress, 2002.

[159] Vincent Blanár. Proper Names in the Light of Theoretical Onomastics, (from Book.zaa) , 2008.

附录　社会空间动词词表

（一）高权势“位移”动词动作的方向分类

1.“下向”位移动词

撸②、下狱

下2③[1]、下达、颁布、颁发、布告、查问、传达、传令、发布、发话①、交代②、口传、口授①、宣布、宣传、通知、吩咐

2. 施与向位移动词

颁奖、颁发、拨发、拨款、发放①、发还、奖励、奖赏、签发、赏、赏赐、授奖、追授、传授、赐教、赐、赐予、恩赐、恩典、放权、分配①、封、封赏、加封、嘉奖、交办、授权、授命②、授衔、授勋、授意、授予、发文、分配①

3. 获取向位移动词

查获、查截、缉获、检获、缴、缴获、缴械①、截获、聚敛、拿获、侵夺、收缴、搜获、榨取、征购、征缴、征用、追缴、追赃、霸占、采纳、纳谏、纳降、听取

4. 去除向位移动词

罢黜、罢免、罢职、裁撤、裁减、裁汰、裁员、炒（鱿鱼）、撤①、撤免、撤销、撤职、除名、黜免、黜退、废黜、革除、革职、豁免、减负、减免、减刑、解雇、解职、蠲除、蠲免、开除、免职、免罪、没收、遣散、遣送、赦免、释放、特赦、剥夺、剥削

5. 朝向目标向位移动词

传⑥、传唤、传见、宣召、招安、召、召会、约见、召见

---

[1] 参照惯例，数字“1、2”指同音词中的某个词，“①、②”指一个词中的某个义项。

6. 派出向位移动词

分配②、分派、遣、派遣、委派、选派、流放 1

7. 上向位移动词

拔擢、提拔、提干、提名、提携、提讯、提职、选拔、擢升、擢用

（二）低权势“位移”动词动作的方向分类

1. 低权势上向位移动词

上访、上行③、高攀、攀附、攀高枝、攀缘

报告、禀报、禀告、汇报、举报、举荐、上报 2、反映②、密报

2. 低权势施与向位移动词

报呈、呈报、呈递、呈交、呈览、呈送、呈献、呈阅、递交、面呈、上书、上行①③、送检、抄报、抄送、纳粮、纳税、上缴、上交、上税、奉①、奉献、缴①、缴纳、缴械、进献、敬献、献策、献花、献媚、献身、献殷勤、敬③、孝敬②、效劳、效力、效死、效忠、交差

3. 低权势获取向位移动词

篡、篡夺、篡权、篡位、夺权、窃国、承袭、继承

4. 低权势逆向位移动词

背叛、悖逆、逼宫、触犯、顶撞、顶嘴、犯上、犯颜、拂逆、抗婚、抗税、冒渎、冒犯、谋反、违拗、违忤、忤逆、造反、冲犯、冲撞

5. 低权势朝向目标向位移动词

拜见、参见、参谒、进见、觐见、晋见、晋谒、叩见、朝拜、参拜、朝见、朝觐、投靠、投奔、投师

（三）高权势非位移动词

1. 社会管理类高权势动词

①管理、监督类

管控、管理、管束、管辖、考查、考核、考聘、考评、年审、签批、把关、立法、裁处、裁定、裁断、裁夺、裁决、裁判、布控、布网、布置、部署、操控、操纵、整顿、整风、整训、把持、督办、督察、监察、监督、督促、督导、督战、督阵、暗访、审查、审处①②、审定、审阅、审读、审核、审批、审验、审改、视察、政审、纠察、究办、盘查、侦缉、侦控、查禁、查

封、封禁、查抄、查扣、查处、查办、查堵、查房、查岗、查究、查控、查哨、查实、查私、查证、彻查、抽测、抽查、抽考、缉查、缉毒、缉私、稽查

②处置、惩罚类

问责、制裁、重办、抓获、拘押、监禁、监控②、监押、开禁、惩处、惩办、惩罚、惩戒、惩治、处罚、处分①、处理②、发落、论处、罚、惩罚、罚没、拘捕、拘传、拘管、拘禁、拘控、拘留、拘审、拘束①、拘押、看管、看守②、看押、拷打、拷问、判处、判罚、批捕、审判、收审、收押、搜捕、搜查、搜剿、通缉、突审、宣判、审判、严办、严惩、严打、责罚、执罚、处刑、弹压、逼供

2. 高权势心理动词

宠爱、宠溺、宠幸、宠用、宠、垂爱、垂怜、垂念、知遇、俯察、俯念、关怀、宽纵、怜爱、怜恤、怜悯、偏护、偏袒、偏疼、期待、器重、赏识、体恤、欣赏②、倚重、钟爱、纵容

3. “使令”类高权势动词

勒令、密令、命令、强令、使唤、通令、限令①、严令、严命、役使、允准、责成、责令、征调、支使、指挥、指令、指示、指引、准许、禁止、准予、批示、批准、任命、任用、委任、恩准、俯允、敕令、敕建、敕封、敕造、申令

统治、统率、统领、操控、操纵、领导

引导、教育、指引、指导、指挥、带动、秉政、秉国、辖制、宰制、节制①、辅导、教导、教化、教诲、教授①、培养、培植、培育、帮扶、帮教、帮困、扶贫、扶助、庇佑、荫庇、护佑、指导、指点、引导、保佑、扶植、庇护、呵护、资助

4. “言语行为”类动词

褒扬、表彰、夸奖、嘉勉、嘉许、呵斥、叱喝、叱令、叱骂、叱问、斥责、斥退、斥问、呵责、喝令、告诫、苛责、申斥、申饬、训、训斥、训导、训话、训诲、训示①、训喻、讯问②、数说、数落、谈话①、宣教、责备、责骂、责问、过问、明示、盘诘、审问、审讯、审议、侦讯、命名、点评、致辞、致词、叮嘱、嘱咐、叮咛

5. 其他类

辅导、教导、教化、教诲、教授①、教训①、培训、培养、培植、培育、言教、指导、指点、引导、补助、帮扶、帮教、帮困、扶贫、扶助、扶植、保佑、庇佑、荫庇、庇护、抚恤、呵护、护佑、监护①、救济、救助、捐助、援助、栽培、赈济、赈灾、资助、垂范、带班、带动、称大、撑腰、保育、抱养、鞠养、抚养、抚爱、抚育、教养、领养、收养、收抚②、喂养、养活、养育、检阅、批改、批评②、批示、批、批阅、批转、批准、评断、评改、评功、评估、评奖、评审、评阅、签批、特批、验看、验收、录取、录用、任免、任命、任用、委任、选聘、选用、招录、招募、招选、甄选、征召、征募、重用、册封、册立、蹲点、蹲守、否决、拒签、接见、接访、苛待、凌辱、凌虐、凌侮、虐待、虐俘、虐囚、迫害、欺凌、欺辱、欺压、压迫、拍板、平反、挟持、挟制、让位①、坐镇、制服1、制伏、摆架子、摆谱

（四）社会空间低权势非位移动词

1.“服从”类、“接受”类

服从、执行、遵照、遵命、遵从、遵行、效法、追随、顺从、随从、随同、待命、奉命、奉②、承命、奉命、奉使、受命、衔命、禀命、用命、认罚、认缴、辱命、受宠、受罚、受命、受检、受奖、受权、受赏、受审、受训、受业、受阅、衔命、禀命

2. 低权势“心理”动词

爱戴、巴结、拜认、拜师、谄媚、崇拜、崇奉、崇敬、崇仰、感戴、敬服、敬仰、敬重、缅怀、钦敬、钦慕、钦仰、孝敬①、孝顺、仰慕、仰仗、尊敬、尊崇

3. 低权势“言语行为”动词

谄谀、讽谏、劝谏、奉承、告假、告密、控告、控诉、投诉、歌颂、颂扬、回禀、建言、面陈、启禀、启奏、起诉、上告、述职、顶嘴、顶撞、还嘴、抢白、报案、报警、报料、报失、祷告、祷念、祷祝、问安、谢恩、告捷、告状、哀告、哀求、促请、祈祷、祈求、乞求、乞食、乞讨、乞降、乞援、请功、请赏、请教、请命、请求、请愿、请战、求见、求教、求援、求乞、求饶、求助、央告、央求

4. 其他类

从师、就教、就范、师承、师从、师法、师事、学习、奉养、供养、供奉、敬奉、赡养、侍、侍奉、侍立、侍候、侍养、养老①、贿赂、行贿、禁赛、禁闭、用、用餐、用饭、用膳、钻营、钻谋争宠、争气、争脸、做寿、辅助、辅佐、匡助、协助、拥戴、拥护、帮佣、仰赖、仰承①、仰仗、依附、依仗、倚仗、仗、仗势、仗恃、拜读、聆教、聆听、申办、申报、申购、申领、申请、承办、报到、报关、报国、报批、报请、报审、报销、瞒报

后 记

打完最后一行字，看了一下时间，凌晨2点。有点兴奋，整夜未眠。

简单浏览了一下在论文写作过程中偶尔写下的感言，多是“没有思路”“写不下去”“凌晨未眠”……每向我的导师崔健先生谈起，老师总会说“大家都是如此，我也有时候几天写不出一个字”。虽然知道老师是安慰之辞，但也稍稍释然，不再为自己的笨拙过分自责。感言中的“心情大好”也多与论文有关，每当有所发现，形成文字，老师稍加表扬，就会几天阳光灿烂。回顾整个论文写作的过程，虽然充满了艰辛，却是最值得珍惜的日子。

非常感谢我的导师崔健老师，我的论文从选题到最后成形，无不倾注了老师的心血。老师素以严格著称，不但对学生，对自己也是如此，老师几乎没有周末和节假日，每次见到老师都是在堆积如山的书稿中，每位学生的文稿，老师都了然于心。长期的伏案工作，给老师带来了一身的病痛，每次从椅子上起身都会扶腰站立良久。在学习上，老师以敏锐的洞察力，渊博的学识，循循善诱的话语，在我思路混乱和写不下去时为我指引方向。在生活上，老师像慈父关心孩子一般，对我的家庭规划、孩子的教育都给出了切实可行的建议。在此，我由衷地感谢老师，老师严谨治学的精神、谦虚敬业的品格都是我一生取之不尽的财富。

感谢张旺熹老师、邢红兵老师、孙德金老师，在他们的课堂上，我深受启发。感谢北京大学杨德峰老师、北京外国语大学施建军老师、中国人民大学陈前瑞老师、北京语言大学张赪老师、张旺熹老师，在论文开题时为我提出了宝贵的意见和建议。另外，丁崇明老师、张旺熹老师、陈前瑞老师、孙德金老师、施建军老师在论文答辩时不吝赐教，为我指明了以后努力的方向，此处一并感谢。

此外，还要感谢我的同学张光雅、周秀丽、阿如汗、林青为我提供语料，和我一起讨论论文。感谢杨玉玲、李艳华同学在论文写作过程中对我的鼓励。

感谢宋栋国同学在论文答辩过程中的服务工作。

在此，我要特别感谢我的家人，感谢我的母亲，为了让我安心写好论文，即使思念女儿，即使身体有病痛也不用负面的消息使我分心。感谢我的爱人彭莹，为我提供强大的精神和物质支持，使我没有后顾之忧。感谢我的孩子，我多年求学对他照顾不周，他却成长为一个健康、善良、善解人意的阳光男孩。在此特别以本篇论文告慰我过世的父亲、外祖父。外祖父在我论文答辩前一个月去世，临终前仍记挂着我的论文，在半昏迷中，艰难地询问论文的进展。

最后，也要给自己点一下赞，在读博期间，每周在原单位代课 8 到 12 节，路上奔波两三小时，还担任毕业生论文指导工作；在家庭中，由于爱人工作很忙，家务多由我承担，在没有耽误工作、没有耽误照料家庭的前提下三年把博士论文写出来了，自己觉得很是不易。回顾一下，常有熬夜到凌晨赶写论文的时候，也有写不下去伏案痛哭的时候，不过一切都过去了，之后是一个新的开始，用我的朋友北京大学程为敏老师的一句话来结尾：最后做出成绩的并不是最聪明的，而是坚持下来的，永远都不要停下来，即使你会很慢。

张欣

2016 年 6 月 2 日于北京